När Tidens Flod rinner ut i Evighetens Hav

När Tidens Flod
rinner ut i
Evighetens Hav

Vad säger Bibeln om tidens avslutning ?

Av Lennart Hasselteg

© Lennart Hasselteg 2022
Omslagsbild: Pexels.org
Baksidans foto: Sarah Forsberg

Förlag: BoD – Books on Demand, Stockholm, Sverige

Tryck: BoD – Books on Demand, Norderstedt, Tyskland

ISBN: 978-91-8027-835-5

Innehåll

Inledning

Efter att ha varit troende kristen i mer än 50 år, så har jag hunnit med att ta del av mycket undervisning om tidens avslutning. Det finns en uppsjö av litteratur i ämnet och många predikningar och bibelstudier har passerat revy. Den bild som ges är att det inte finns en samstämmig bild, utan det spretar åt olika håll. Det finns alltså många olika teologiska tolkningar.

En del undervisning framhåller att de troende inte skall vara med i det som Bibeln kallar vedermödan, utan de skall hämtas hem av Jesus innan dess. Annan undervisning framhåller att de troende skall vara med en bit in i vedermödan, men skall räddas, kanske efter halva tiden. Ytterligare undervisning går ut på att de skall vara med under hela vedermödan, men inte under det som Bibeln kallar vredesdomen. Det finns även tolkningar som säger att Jesus skall komma endast efter tusenårsriket.

För att få en klarare bild av detta, så bestämde jag mig att själv, åtminstone försöka, hitta svar på mina frågor.

En annan fråga som jag också har funderat över är att det i olika sammanhang talas/profeteras om en kommande stor väckelse i den sista tiden. Även denna fråga har jag tittat närmare på utifrån vad Bibeln säger.

Då jag under arbetet även kommit i kontakt med några andra religösa riktningar, så har jag valt att ta med en del av deras syn på frågan om tidens avslut. Jag har dock valt att inte vara lika grundlig i de riktningarna som med Bibeln, utan det har blivit mer överskådligt.

Vissa delar som jag tar upp t ex den religiösa bakgrunden till judendomens, kristendomens och islams historia finns utförligare beskrivet i min bok "Kan Abrahams barn samsas".

Min utgångspunkt är att Bibeln är Guds Ord och sanning. Samtidigt är det så att Bibeln i alla stycken inte är helt lättolkad.

Jag vill också betona att vilken syn man än har på den sista tiden så är det inte en frälsningsfråga.

Bibelcitat är hämtade från Folkbibeln 2015, där inte annat angivits.

Detta är vad jag kommit fram till efter en ganska noggrann genomgång, men jag uppmanar dig att själv göra din egen analys, enligt Paulus uppmaning:

"pröva allt, behåll det goda." (1 Tess 5:21)

Jag vill rikta ett stort tack till min hustru Eva som inte bara har korrekturläst, utan även bidragit med värdefulla synpunkter på innehållet.

Alingsås 2022

Lennart Hasselteg

En kort tillbakablick på kyrkans historia

Kyrkans ursprung under den första tiden bestod uteslutande av judar som kom till insikt att Jesus var deras Messias. Den första församlingen fanns i Jerusalem med Jesu halvbror Jacob som en av ledarna.

På pingsten, efter Jesu uppståndelse, kom inte mindre än 3000 personer till tro på Messias. Många judar hade rest till Jerusalem under högtiden för att fira pingsten. Detta var med andra ord de första messianska judarna, förutom lärjungarna. Den första församlingen var alltså inomjudisk:

> "Men många av dem som hade hört ordet kom till tro, och antalet män var nu omkring fem tusen." (Apg 4:4)

> "När de hörde det, prisade de Gud. Sedan sade de till honom: "Du ser, broder, att det finns tiotusentals bland judarna som har kommit till tro, och alla håller de strängt på lagen." (Apg 21:20)

Pingsten var en skördefest. På den femtionde dagen efter påsken var det stadgat i den mosaiska lagen att fira skörden av det första vetet i landet. Denna fest kallas vanligtvis för veckofesten "shavuot" och den inföll sju veckor efter påsken:

> "Sedan ska ni räkna sju hela sabbater från dagen efter sabbaten, från den dag då ni bar fram lyftofferkärven. Femtio dagar ska ni räkna, fram till dagen efter den sjunde sabbaten. Då ska ni bära fram ett nytt matoffer åt Herren. Från de orter där ni bor ska ni bära fram lyftofferbröd, två kakor gjorda av två tiondels efa fint mjöl, bakade med surdeg. De är en förstlingsgåva åt Herren." (3 Mos 23:15-17)

Veckofesten var en av de tre stora vallfartsfesterna som skulle firas i Jerusalem. Den var som andra skördefester en anledning till glädje och tacksägelse för Guds konkreta godhet och omsorg om sitt folk.

De tre vallfartsfesterna var förutom veckofesten "shavuot", även påsk "pesach" som är en av de viktigaste judiska högtiderna. Den firas till minnet av uttåget ur Egypten och befrielsen från slaveriet. Den tredje vallfartsfesten var lövhyddohögtiden "sukkot" (hyddor) som firas på hösten. Högtiden firas till minne av hur Gud skyddade det judiska folket under den fyrtioåriga vandringen i öknen efter uttåget ur Egypten.

Rabbinska källor säger att pilgrimerna under veckofesten "shavuot" bar kärvar av den första veteskörden på sina ryggar när de kom till templet i Jerusalem:

> "Tre gånger om året ska alla av manligt kön hos dig träda fram inför Herren din Guds ansikte på den plats som han utväljer: vid det osyrade brödets högtid, vid veckohögtiden och vid lövhyddohögtiden. Men ingen ska träda fram med tomma händer inför Herrens ansikte, var och en ska ge vad han kan efter den välsignelse som Herren din Gud har gett dig." (5 Mos 16:16-17)

Den mission som sedan ägde rum runt Medelhavet bedrevs inledningsvis i synagogorna, men allteftersom kom även hedningar (icke-judar) till tro på Jesus.

År 311 evt förklarade kejsar "Konstantin den store" kristendomen som tillåten i Romarriket, och han gjorde den till statsreligion. Kristendomen kom att kallas katolsk (allmänmänsklig), och alla i det romerska imperiet anslöts dit.

De hednakristna övertog rörelsen och allt judiskt utmönstrades. Inte nog med det, den kristna kyrkan såg sig som den självklara ersättaren av Guds plan. Man utarbetade en teologi som skulle försvara denna ståndpunkt, det som kom att kallas ersättnings-teologin. Judarna blev allt mer förföljda och en veritabel klappjakt och utrotning av judarna skedde därefter genom århundraden. Bl a anklagades de för att ha dödat Jesus.

Under Romarriket delades kyrkan i två huvudgrenar, dels den västliga romersk katolska med säte i Rom, dels den östliga ortodoxa riktningen med säte i Konstantinopel.

Den romersk katolska kyrkan blev huvudriktningen i Europa, som bl a predikade frälsning både genom gärningar och nåd. Den katolske prästen, teologen och munken Martin Luther på 1500-talet brottades med dessa tankar, och fann i Bibeln att människan blev frälst enbart genom nåd, "av nåd genom tro" och att vi inte kan bättra på frälsningen med egna gärningar. Om så vore fallet skulle man kunna kvalificera sig genom egen aktivitet, vilket Gud avfärdar med bestämdhet.

> "Av nåden är ni frälsta genom tron, inte av er själva. Guds gåva är det, inte på grund av gärningar för att ingen ska berömma sig. Hans verk är vi, skapade i Kristus Jesus till goda gärningar som Gud har förberett för att vi ska vandra i dem." (Ef 2:8-10)

Detta ledde till stora stridigheter mellan den katolska delen av Europa och de länder som inte hade denna inriktning. Det trettioåriga kriget 1618-1648 blev ett resultat av dessa stridigheter. Även om det naturligtvis inte var hela orsaken till kriget så var det en inte obetydlig orsak. Detta krig var lika omfattande för dåtiden som de två stora världskrigen under 1900-talet. (Kanske vi borde kalla det trettioåriga kriget för det första världskriget?) Vid freden 1648 beslutades att fursten i varje land skulle bestämma landets religiösa inriktning. Var kungen katolik skulle invånarna vara katoliker, och andra trosbekännare drevs ur landet.

Resultatet av detta blev i stort sett att den södra och delar av mellersta Europa förblev katolskt och den norra delen blev vad man kom att kalla protestantiskt. Det fick också namnet "den lutherska kyrkan", efter Martin Luther.

Man kan fundera över om vi bör kalla en kristen kyrka efter en person, borde vi inte kunna ha ett mer kristuscentrerat namn? Martin Luther var oerhört viktig när det gäller denna reformation, men han var även en veritabel antisemit.

Det historiska skeendet har jag beskrivit mer i detalj i min bok "Kan Abrahams barns samsas?".

Vad säger Bibeln om tidens avslutning?

När börjar tidens slut?

En fråga som ibland dyker upp är när tidens slut skall börja. Ligger den i framtiden eller har den redan börjat, och i så fall hur långt in i slutet har vi kommit?

Bibeln är tydlig med att den sista tiden började med att Jesus kom till jorden för c:a 2000 år sedan.

> "men nu i den sista tiden har han talat till oss genom sin Son. Honom har han insatt som arvinge till allt, och genom honom har han också skapat universum." (Hebr 1:2)

> "I så fall hade han varit tvungen att lida många gånger sedan världens skapelse. Men nu har han trätt fram en gång för alla vid tidernas slut för att genom sitt offer utplåna synden". (Hebr 8:26)

> "Han var utsedd redan före världens skapelse men har nu i dessa sista tider uppenbarats för er skull." (1 Petr 1:20)

"Kära barn, den sista tiden är här. Och liksom ni har hört att Antikrist ska komma, så har redan nu många antikrister trätt fram. Av det förstår vi att den sista tiden är här. De har gått ut från oss, men de hörde aldrig till oss. Hade de hört till oss skulle de ha blivit kvar hos oss. Men det skulle visa sig att alla inte hör till oss." (1 Joh 2:18-19)

I Hebreerbrevet talas det om tider med olika ordningar. Den förra ordningen handlade om yttre regler som var stadgade i det Gamla Förbundet. Det skulle komma en bättre ordning. Denna bättre ordning kom med Jesu försoning:

"Detta är en bild av den tid som nu är: gåvor och offer frambärs, men de kan inte helt rena samvetet hos den som offrar. Liksom med reglerna om mat och dryck och olika reningar handlar det bara om yttre regler fram till tiden för en bättre ordning." (Hebr 9:9-10)

Vedermödan

Bibeln talar om dels vedermödan och dels vredesdomen. Detta är enligt Bibeln inte samma sak, utan behöver hållas isär. Dessa tider kan man kalla slutet av den sista tiden.

Profeten Daniel skriver om den sisa tiden:

"På den tiden ska Mikael träda fram, den store fursten som står som försvarare för dina landsmän. Det kommer en tid av nöd, som inte har haft sin like ända från den dag då folken blev till och fram till den tiden. Men på den tiden ska ditt folk bli frälst, alla som är skrivna i boken. De många som sover i mullen ska vakna, några till evigt liv och andra till förakt och evig skam. De förståndiga ska då lysa som himlavalvets ljus, och de som har fört många till rättfärdighet som stjärnorna för alltid och för evigt. 'Men du, Daniel, ska gömma dessa ord och försegla bokrullen till den sista tiden.

16

Många ska forska i den och kunskapen ska bli stor'. När jag, Daniel, såg upp, se, då stod det två andra där, en på flodens ena strand och en på den andra stranden. En av dem sade till mannen som stod klädd i linnekläder ovanför flodens vatten: 'Hur länge dröjer det innan slutet kommer med dessa märkliga ting?' Jag lyssnade till mannen som stod klädd i linnekläder ovanför flodens vatten, och han lyfte sin högra och sin vänstra hand mot himlen och svor vid honom som lever för evigt: 'Efter en tid och tider och en halv tid, när det heliga folkets makt är krossad, då ska allt detta fullbordas.' Jag hörde det men förstod inte, så jag frågade: 'Min herre, vad blir slutet på allt detta?' Då sade han: 'Gå, Daniel, för dessa ord ska förbli gömda och förseglade till den sista tiden. Många ska bli renade och tvättade och luttrade, men de ogudaktiga ska utöva sin ogudaktighet. Ingen ogudaktig ska förstå detta, men de förståndiga ska förstå det. Från den tid då det dagliga offret avskaffas och förödelsens styggelse ställs upp ska det gå 1290 dagar. Salig är den som håller ut och når fram till 1335 dagar. Men gå du bort tills slutet kommer. Sedan du har vilat ska du uppstå och få din lott vid dagarnas slut'." (Dan 12:1-13)

När det gäller de tidsangivelser som anges "en tid och tider och en halv tid" så har många försökt sig på att tolka detta, men det blir ju mänskliga tolkningar, utan detta kommer att uppenbaras i den sista tiden. Ordet säger klart i vers 9 "dessa ord ska förbli gömda och förseglade till den sista tiden". Gud själv kommer att klargöra innebörden, och hur detta skall tolkas.

Mannen som stod i linnekläder (Jesus) sa "när det heliga folkets makt är krossad, då ska allt detta fullbordas". En tolkning av detta är att det heliga folket syftar på judarna och avser tiden då Messias sätter fötterna på Olivberget. Israel skall ju då vara svårt trängt av alla världens nationer, under ledning av Antikrist. Daniel säger bl a att det kommer en tid av nöd som inte har haft sin like. Därefter skall de döda uppstå.

17

En annan tolkning som görs är att detta avser tiden vid den sista domen alltså i slutet av tusenårsriket. Även då skall döda uppstå, "några till evigt liv och andra till förakt och evig skam".

Vid uppståndelsen av de heliga innan tusenårsriket kommer de på Jesus/Messias troende att väckas upp, men här talas det om att även "andra till förakt och evig skam". Detta torde tyda på uppväckande vid den yttersta domen efter tusenårsriket.

Han säger också "Men på den tiden ska ditt folk bli frälst, alla som är skrivna i boken." I Uppenbarelseboken talas om böcker som skall öppnas, och även livets bok. "På den tiden ska ditt folk bli frälst." Även detta syftar på den slutliga domen efter det tusenåriga riket, då det är vid denna tidpunkt som Uppenbarelseboken anger att böcker skall öppnas:

> "Och jag såg de döda, stora och små, stå inför tronen. Och böcker öppnades, och ännu en bok öppnades, livets bok. Och de döda dömdes efter sina gärningar, efter det som stod skrivet i böckerna." (Upp 20:12)

Många profetior har en dubbel betydelse. Detta gäller även profetian i Danielsboken som innehåller vad som skall hända vid vedermödan och även vid den slutliga domen.

På flera ställen i Bibeln och även Jesus själv framställer denna tid som födslovånda. På samma sätt som värkar inför att ett barn skall födas, förebådas Messias ankomst av en tid av nöd:

> "Men allt detta är bara början på födslovåndorna."
> (Matt 24:8)

Jesus gör klart att förlossningen föregås av vedermöda, och Guds seger sker genom födslovärkar:

> "Jesus märkte att de ville fråga honom, och han sade till dem: 'Ni frågar varandra om det jag sade: En kort tid och ni ser mig inte, ännu en kort tid och ni kommer att se mig. Jag säger er sanningen: Ni kommer att gråta och jämra er, men

18

världen ska glädja sig. Ni kommer att sörja, men er sorg ska vändas i glädje. När en kvinna ska föda har hon det svårt, för hennes stund har kommit. Men när hon har fött barnet, minns hon inte längre smärtan i sin glädje över att en människa är född till världen. Nu har ni också det svårt, men jag ska se er igen. Då ska era hjärtan glädjas, och ingen ska ta er glädje ifrån er'." (Joh 16:19-22)

Vedermödan bör ses som en tid som föregår och är förutsättningen för den avslutande svåra tiden. De övergrepp och synder som Antikrist utsätter de troende för lägger grunden för den vrede Antikrist och hans lärjungar kommer att få utstå under vredesdomen. Jesus kommer att hämta de troende i slutet av vedermödan och därpå inträder vredesdomen. De troende skall alltså inte vara med under denna sista fas:

"Min är hämden och vedergällning vid den tiden då deras fot ska vackla, för deras olyckas dag är nära, det som väntar dem kommer med hast." (5 Mos 32:35)

Uttrycket "vid den tiden" eller "på den dagen" är uttryck som på flera ställen återkommer i Bibeln och avser tidens slut.

Paulus anger en tydlig tidsordning, först skall de i Kristus avsomnade uppstå och därefter skall vi/de som då lever, tillsammans med dem ryckas upp till skyarna för att möta Herren. De skall då bli Kristi präster och regera med honom i tusen år:

"Bröder, vi vill att ni ska veta hur det blir med dem som har insomnat, så att ni inte sörjer som de andra, de som inte har något hopp. Eftersom vi tror att Jesus har dött och uppstått, så ska Gud på samma sätt genom Jesus föra fram de insomnade tillsammans med honom. Vi säger er detta enligt ett ord från Herren: vi som lever och är kvar till Herrens ankomst ska alls inte komma före de insomnade. När en befallning ljuder, en ärkeängels röst och en Guds basun, då ska Herren själv komma ner från himlen, och de som har dött i Kristus ska uppstå först. Därefter ska vi som lever och är kvar ryckas upp bland skyar tillsammans med dem för att möta Herren i rymden. Och så ska vi alltid vara hos Herren. Trösta därför varandra med dessa ord." (1 Tess 4:13-18)

"Salig och helig är den som har del i den första uppståndelsen. Över dem har den andra döden ingen makt, utan de ska vara Guds och Kristi präster och regera med honom i tusen år." (Upp 20:6)

Aposteln Timoteus har en beskrivning hur det kommer att se ut i de sista dagarna, sista tiden under vedermödan. Den uppräkning som här finns kommer att vara kännetecknande för hur det kommer att se ut i världen under denna tid:

"Du ska veta att i de sista dagarna blir det svåra tider. Människorna kommer att vara egenkära, penningkära, skrytsamma, stolta, hånfulla, olydiga mot sina föräldrar, otacksamma, gudlösa, kärlekslösa, oförsonliga, skvallriga, obehärskade, råa, fientliga mot det goda, falska, hänsynslösa och högmodiga. De kommer att älska njutning mer än Gud och ha ett sken av gudsfruktan men förneka dess kraft. Håll dig borta från dem!" (2 Tim 3:1-5)

Antisemitismen och gudlösheten ökar kraftigt i världen. Det är inte enbart hednafolken utan även olika organisationer som t ex FN (Förenta Nationerna) som angriper Israel. Varje nation i FN ingår i en grupp, och Israel ingår i Asiengruppen, där merparten av medlemmarna är arabländer, som blockerar medlemskap för Israel. Detta innebär att Israel inte kan bli inröstat i säkerhetsrådet eller andra viktiga FN-organ. År 2015 utfärdade FN:s säkerhetsråd 112 resolutioner mot Israel och 42 resolutioner sammanlagt mot världens alla övriga länder. Länder som Kina, Kuba, Libyen, Turkiet, Pakistan och Venezuela fick 0 resolutioner. I FN:s råd för mänskliga rättigheter är Israel det enda land som tas upp som en stående punkt på dagordningen där de fördöms varje år. I detta råd har t ex Iran, Pakistan, Saudiarabien, Afghanistan m fl diktaturer ingått. År 2020 utfärdade säkerhetsrådet 23 resolutioner. Av dessa var 17 mot Israel.

Ibland kan man höra att Jesus skall komma två gånger, en gång före vedermödan för att hämta de troende, och att detta skall ske på ett andligt/osynlig vis. Därefter skall han återkomma i synlig gestalt i slutskedet för att ställa sig på Olivberget. Jag har svårt att se något bibelstöd för denna tolkning. Om vi skall ryckas upp innan vedermödan, vart tar då kroppen vägen om det är andligt/osynligt, och hur skall vi då kunna identifiera och känna igen Antikrist, som Jesus uppmanar oss göra?

> "Kära barn, den sista tiden är här. Och liksom ni har hört att Antikrist ska komma, så har redan nu många antikrister trätt fram. Av det förstår vi att den sista tiden är här." (1 Joh 2:18)

Jesus kommer en gång och det blir som blixten på himlavalvet, alltså överraskande och fullt synligt. Att detta handlar om slutet av vedermödan bekräftas av ordet "även de som genomborrat honom". Detta syftar på det judiska folket när Messias sätter sina fötter på Olivberget:

> "För som blixten går ut från öster och lyser ända bort i väster, så ska det vara när Människosonen kommer."
> (Matt 24:27)

> "Se, han kommer med molnen, och varje öga ska se honom, även de som genomborrat honom. Och jordens alla stammar ska jämra sig för hans skull. Ja, amen." (Upp 1:7)

> "Då ska Människosonens tecken synas på himlen, och jordens alla folk ska jämra sig när de ser Människosonen komma på himlens moln med stor makt och härlighet."
> (Matt 24:30)

I Bibeln finns på många olika ställen begrepp som Herrens dag, den dagen, den sista dagen. Detta avser samma dag och utgör den dag Messias skall återkomma till jorden. Detta markerar denna tidens avslutning:

> "Den som förkastar mig och inte tar emot mina ord har en domare över sig: det ord som jag har talat ska döma honom på den yttersta dagen." (Joh 12:48)

> "(...) skall den mannen överlåtas åt Satan till köttes fördärv för att anden skall bli frälst på Herrens dag." (1 Kor 5:5)

> "Var stilla inför Herren Gud, för Herrens dag är nära. Herren har förberett ett slaktoffer, han har helgat dem han har bjudit." (Sef 1:7)

> "På den dagen skall Han stå med sina fötter på Olivberget, mitt emot Jerusalem, österut. Och Olivberget skal klyvas mitt itu, från öster till väster, till en väldig dal. Hälften av berget skall vika mot norr och andra hälften mot söder."
> (Sak 14:4)

> "Och det är så hela Israel ska bli frälst, som det står skrivet: Från Sion ska Frälsaren komma och ta bort ogudaktighet från Jakob." (Rom 11:26)

Vid denna tidpunkt då Messias återkommer skall Han gripa Satan som därefter skall vara bunden i tusen år. Då inträder tusenårsriket:

> "Och Han grep draken, den gamle ormen som är djävulen och Satan, och band honom för tusen år." (Upp 20:2)

Efter de tusen åren skall Satan släppas lös och han skall förvilla folken under en kort tid. Därefter skall han och hans kompanjoner kastas i en brinnande sjö av eld och svavel. Antikrist och den falske profeten befann sig redan i den brinnande sjön, det framgår inte av texten när dom kom dit:

> "Och när de tusen åren har nått sitt slut ska Satan släppas ut ur sitt fängelse. Och han ska gå ut för att förleda folken

22

vid jordens fyra hörn, Gog och Magog, och samla dem till striden. Deras antal är som havets sand. De drog upp över hela jordens vidd och omringade de heligas läger och den älskade staden. Men eld kom ner från himlen och förtärde dem. Och djävulen som hade förlett dem kastades i sjön av eld och svavel där också vilddjuret och den falske profeten är. Och de ska plågas dag och natt i evigheters evighet." (Upp 20:7-10)

Tiden under vedermödan kommer att bli svår för dem som inte inordnar sig i det antikristliga systemet, det kommer bli omfattande förföljelser. Men Bibeln uppmanar oss att vara uthålliga, och vi kan gå igenom denna tid med hjälp av den Helige Ande:

"Mina älskade, var inte förvånade över den eld som ni måste gå igenom för att prövas, som om det var något oväntat som hände er. Nej, gläd er ju mer ni delar Kristi lidanden. Då ska ni också få jubla och vara glada när han uppenbarar sig i sin härlighet. Saliga är ni om ni hånas för Kristi namns skull, för härlighetens Ande, Guds Ande, vilar över er. Ingen av er ska behöva lida som mördare, tjuv, förbrytare eller för att han lägger sig i andras angelägenheter. Men om någon får lida som kristen ska han inte skämmas utan prisa Gud för det namnet. Tiden är inne för domen, och den börjar med Guds hus. Men om den börjar med oss, vad blir då slutet för dem som inte lyder Guds evangelium? Och om den rättfärdige knappt blir frälst, hur går det då för den gudlöse och syndaren? Därför ska de som får lida efter Guds vilja anförtro sina själar åt sin trofaste Skapare och göra det som är gott." (1 Petr 4:12-19)

Antikrist

Antikrist ges flera olika namn t ex laglöshetens människa, fördärvets son, motståndaren, vilddjuret, odjuret m fl. I Gamla Testamentet (GT) används ofta beteckningen den ogudaktige.

"Därför blir lagen utan kraft, och rätten kommer aldrig fram. Den ogudaktige omringar den rättfärdige och rätten förvrängs". (Hab 1:4)

Jesus kom till jorden för att uppfylla Guds vilja, så kommer Antikrist, som är en människa, till jorden för att uppfylla djävulens vilja, men han gör det på ett mycket försåtligt sätt.

Några kännetecken för honom. Han kommer att göra stora kraftgärningar och stora under och tecken. Han förhäver sig över Gud, gör sig själv till Gud, och många kristna kommer ansluta sig till honom som Gud på grund av hans karismatiska utstrålning och stora kraftgärningar. Han kommer att bedra många kristna som kommer att bli bländade av honom.

Kan det möjligen bli så att den karismatiske ledaren, som säger sig kungöra Guds vilja och som har utgått från den kristna församlingen, utlöser en väckelse som samlar människor omkring sig själv? Det finns ju redan en stor förväntan på väckelse i den kristna församlingen. Kommer man tro att detta är ändetidens stora väckelse?

Jesus sa att många små Antikrister (förkunnare) skall uppstå innan den verklige Antikrist träder fram. Detta troligen för att förbereda på så sätt att gränser flyttas och den kristna församlingen vänjer sig allteftersom? Marken blir förberedd för hans framträdande med olika läror och teologier, så att det blir svårt för många att skilja från den sunda läran. Denna process är sedan en tid tillbaka igång. Det står ju skrivet att han redan är verksam.

Eftersom många inte tog emot Sanningen utan valde bort Gud, (avfallet) så sänder Gud en villfarelse så de tror på och tar Antikrist som Gud. Paulus skriver också att laglöshetens hemlighet är ju redan verksam, vilket kan peka på det avfall som vi redan kan se inom delar av kyrkan. Människosonen t o m ställer sig frågan om Han skall finna någon tro när Han kommer:

"Låt ingen bedra er på något sätt. Först måste avfallet komma och laglöshetens människa träda fram, fördärvets son, motståndaren som förhäver sig över allt som kallas gud eller heligt så att han sätter sig i Guds tempel och säger sig vara Gud. Minns ni inte att jag sade er detta medan jag ännu var hos er? Och ni vet vad det är som nu håller honom tillbaka så att han kan träda fram först när hans tid kommer. Laglöshetens hemlighet är ju redan verksam. Nu måste bara han som håller tillbaka röjas ur vägen. Sedan ska den laglöse träda fram, han som Herren Jesus ska döda med sin muns ande och förgöra med glansen vid sin ankomst. Den laglöses ankomst är ett verk av Satan som kommer med stor kraft och med lögnens tecken och under. Med ondskans alla konster bedrar han dem som går förlorade, eftersom de inte tog emot kärleken till Sanningen så att de kunde bli frälsta. Därför sänder Gud villfarelsens makt över dem så att de tror på lögnen och blir dömda, alla de som inte har trott på sanningen utan njutit av orättfärdigheten." (2 Tess 2:3-13)

Men ska Människosonen finna tron på jorden när han kommer?" (Luk 18:7-8)

Paulus säger att Herrens dag kommer överraskande när man inte är beredd. Kan detta bero på att den kristna församlingen som tagit emot Antikrist som världens herre, blir förvånad då Jesus kommer? Man trodde ju att Han redan kommit:

"Ni vet själva mycket väl att Herrens dag kommer som en tjuv om natten." (1 Tess 5:2)

25

I detta sammanhang kan man även fundera över liknelsen Jesus gör i Matteusevangeliet kap 25 om de tio jungfrurna. Fem av dem hade ingen olja i sina lampor och missade brudgummen, kärleken till Jesus hade kallnat? De övriga fem hade olja och fick möta brudgummen och var därmed beredda när Jesus kom.

Antikrist kommer att träda fram som en fredsivrare och på det sättet få många människor och länder att acceptera honom som ledare. Inte minst kommer han att blända Israel med sitt freds-budskap, vilket de inte är bortskämda med. Han kommer att erbjuda och ingå ett förbund med Israel. Detta blir sannolikt i början av vedermödan, de sju åren:

> "När folk säger: "Fred och trygghet", då drabbar undergång-en dem lika plötsligt som värkarna hos en kvinna som ska föda, och de slipper inte undan." (1 Tess 5:3)

> "Han ska stadfästa ett förbund med de många under en vecka." (Dan 9:27a)

En vecka avser sju år. Detta kommer att vara en kraftfull karis-matisk ledare och människor kommer att se upp till honom, som därmed kommer att få stor makt och utge sig för att vara Gud:

> "Ett av dess huvuden såg ut att ha blivit slaktat och dödat, men dess dödliga sår hade läkts. Och hela jorden förund-rade sig över vilddjuret och följde det. De tillbad draken för att han hade gett sin makt åt vilddjuret, och de tillbad vilddjuret och sade: "Vem är som vilddjuret? Vem kan strida mot det?" (Upp 13:3-4)

> "Jag är rädd för att liksom ormen med sin list bedrog Eva, så skall också era sinnen fördärvas och vändas bort från den uppriktiga och rena troheten mot Kristus." (2 Kor 11:3)

> "Och vilddjuret fick rätt att strida mot de heliga och besegra dem, och det fick makt över alla stammar och folk och språk och länder." (Upp 13:7)

Då vedermödan kommit halvvägs, efter 3 1/2 år, kommer Antikrist att helt byta skepnad. Han skall ställa upp "förödelsens styggelse" (avgudabilder?) i helgedomen (templet). Han skall avskaffa offren vid templet, vilket tydligen har införts igen. Han kommer att uppträda som en gud:

> "Från den tid då det dagliga offret avskaffas och förödelsens styggelse ställs upp ska det gå 1290 dagar." (Dan 12:11)

> "Härar från honom ska komma, och de ska orena helgedomen, tillflyktsorten, avskaffa det dagliga offret och ställa upp förödelsens styggelse." (Dan 11:31)

> "Låt ingen bedra er på något sätt. Först måste avfallet komma och laglöshetens människa träda fram, fördärvets son, motståndaren som förhäver sig över allt som kallas gud eller heligt så att han sätter sig i Guds tempel och säger sig vara Gud." (2 Tess 2:3-4)

Han lovar lösa världsproblemen och blir upphöjd av massorna. Han ges och får stor politisk, religiös och ekonomisk makt och styr världshandeln:

> "Och det tvingar alla, små och stora, rika och fattiga, fria och slavar, att ta emot ett märke på högra handen eller på pannan, så att ingen kan köpa eller sälja utom den som har märket, vilddjurets namn eller dess namns tal. Här gäller det att vara vis. Den som har förstånd må räkna ut vilddjurets tal, ty det är en människas tal. Och dess tal är sexhundrasextiosex." (Upp. 13:16-18)

I slutet av vedermödan, de sju åren, kommer Antikrist att samla alla jordens folk och länder till strid mot Israel och Jerusalem:

> "Se, Herrens dag kommer! Då ska man dela bytet bland er, för jag ska samla alla hednafolk till strid mot Jerusalem. Staden kommer att intas, husen plundras och kvinnorna våldtas. Halva staden ska föras bort i fångenskap. Men de

som är kvar av folket ska inte utrotas ur staden. Sedan ska Herren gå ut i strid mot dessa hednafolk, så som han stred förr på drabbningens dag." (Sak 14:1-3)

"Det ska ske på den dagen att jag ska göra Jerusalem till en tung sten för alla folk. Var och en som lyfter den ska skada sig på den. Och jordens alla folk ska församla sig mot henne. På den dagen, säger Herren, ska jag slå alla hästar med förvirring och deras ryttare med vanvett. Över Juda hus ska jag ha mina ögon öppna, men folkens alla hästar ska jag slå med blindhet. Då ska Juda stamfurstar säga i sina hjärtan: 'Jerusalems invånare har sin styrka i Herren Sebaot, sin Gud'." (Sak 12:3-5)

Jesus/Messias skall då komma till räddning, genom att han sätter sina fötter på Olivberget och tillintetgör Antikrist och de som anfaller. Det kommer då bli ett stort mörker, varefter Han skall upprätta Jerusalem, vilket medför att ljuset kommer. Han kommer då att vara Kung och det tusenåriga riket inträder.

"På den dagen ska han stå med sina fötter på Olivberget, mitt emot Jerusalem, österut. Och Olivberget ska klyvas mitt itu, från öster till väster, till en väldig dal. Hälften av berget ska vika mot norr och andra hälften mot söder. Och ni ska fly ner i dalen mellan mina berg, för dalen mellan bergen ska sträcka sig till Asal. Ni ska fly som när ni flydde för jord-bävningen på Juda kung Ussias tid. Då ska Herren min Gud komma och alla heliga med dig. Det ska ske på den dagen att ljuset är borta, himlens ljus ska förmörkas. Det blir en särskild dag, känd av Herren, inte dag och inte natt. Men det ska ske att när aftonen kommer blir det ljust. Det ska ske på den dagen att levande vatten ska strömma från Jerusalem, hälften mot Östra havet och hälften mot Västra havet. Både sommar och vinter ska det vara så. Herren ska vara kung över hela jorden. På den dagen ska Herren vara en och hans namn ett. Hela landet, från Geba till Rimmon

28

söder om Jerusalem, ska förvandlas till en slätt. Men staden ska vara upphöjd och förbli på sin plats, från Benjaminsporten till den förra portens plats, till Hörnporten, och från Hananeltornet till de kungliga vinpressarna. Folket ska bo där i ro, och ingen förbannelse ska finnas mer. Jerusalem ska bo i trygghet." (Sak 14:4-11)

Herren ensam skall vara upphöjd på den dagen, och täckelset som ligger över alla folk skall tas bort:

"Fly in i klippan och göm dig i stoftet av fruktan för Herren och hans höga majestät, för människornas stolta ögon ska ödmjukas, männens högmod bli nerböjt. Herren ensam ska vara upphöjd på den dagen." (Jes 2:10-11)

"Han ska på detta berg utplåna den slöja som beslöjar alla folk, det täckelse som täcker alla folkslag." (Jes 25:7)

Johannes uppmanar att hålla fast vid det som de hört från början och inte öppna sig för nya läror. När Antikrist träder fram kommer han att förneka Jesus och Gud. Han kommer ju att själv presentera sig som Gud:

"Vem är lögnaren om inte den som förnekar att Jesus är Kristus? Den är Antikrist som förnekar Fadern och Sonen. Den som förnekar Sonen har inte heller Fadern. Den som bekänner Sonen har också Fadern. Låt det ni har hört från början förbli i er. Om det ni hört från början förblir i er, kommer också ni att förbli i Sonen och i Fadern. Och detta är vad han själv har lovat oss: det eviga livet. Detta har jag skrivit till er med tanke på dem som försöker förvilla er. Men smörjelsen som ni har fått av honom förblir i er, och ni behöver inte någon som undervisar er. Hans smörjelse undervisar er om allt, och den är sanning och inte lögn. Förbli i honom, så som den har lärt er. Ja, kära barn, förbli nu i honom, så att vi kan ha frimodighet när han uppenbarar sig och inte behöver stå där med skam inför honom när han

kommer. Om ni vet att han är rättfärdig, då inser ni också att var och en som gör det som är rätt är född av honom."
(1 Joh 2:22-29)

Det blir då lätt för människor att okritiskt se upp till en sådan ledare. Paulus uppmanar oss dock att pröva allt:

"Förakta inte profetior, men pröva allt, behåll det goda och håll er borta från allt slags ont." (1 Tess 5:20-22)

"Och inte undra på det, Satan själv förklär sig till en ljusets ängel." (2 Kor 11:14)

Han kommer att "förneka att Jesus är Kristus". Kanske kommer han se Jesus som en profet i raden av andra? Johannes gör klart att den som bekänner att Jesus är Kristus som kommit i köttet, (som människa) den är från Gud.

Väckelse

En fundering som lätt infinner sig är att när många förväntar sig att det skall bli en stor väckelse i den sista tiden, finns det då en risk att man ser Antikrist som Gud?

Här kommer en kraftfull man från den kristna församlingen som gör stora under och tecken och uppenbarligen samlar mycket folk omkring sig.

Inte sällan kan vi höra i kristna sammanhang att det skall komma en stor väckelse i de sista dagarna, så förväntan på väckelse är stor.

Det ställe i Bibeln som brukar hänvisas till är Joels profetia:

"Och det ska ske därefter att jag utgjuter min Ande över allt kött. Era söner och era döttrar ska profetera, era gamla ska ha drömmar och era unga ska se syner. Ja, över tjänare och tjänarinnor ska jag i de dagarna utgjuta min Ande."
(Joel 2:28-29)

Eftersom hela Joels bok handlar om det judiska folket vid tidens avslut, är det inte troligt att denna vers handlar om världsvid väckelse i allmänhet.

Att profetior ofta syftar på mer än ett tillfälle är vanligt, så även denna. Dels syftar den på Petrus tal på pingstdagen beskrivet i Apostlagärningarna kap 2, dels vid tidens avslut då Messias återkommer. Vid båda dessa tillfällen handlar det om judarna och inte hedningarna.

Däremot finns det ett flertal bibelsammanhang som motsäger att det skall bli en stor väckelse i den sista tiden. När lärjungarna frågar Jesus vad som blir tecknet på Hans återkomst, får de ett svar som kan förvåna, eftersom Han inte svarar direkt på frågan. Han säger istället att de skall vara på sin vakt för falska profeter:

> "När Jesus sedan satt på Olivberget och lärjungarna var ensamma med honom, kom de fram till honom och frågade: 'Säg oss: När ska det ske? Och vad blir tecknet på din återkomst och den här tidsålderns slut? Jesus svarade dem: 'Se till att ingen bedrar er. Många ska komma i mitt namn och säga: Jag är Messias, och de ska bedra många. Ni kommer att höra stridslarm och rykten om krig. Se då till att ni inte blir skrämda. Sådant måste hända, men det är ännu inte slutet. Folk ska resa sig mot folk och rike mot rike, och det ska bli svält och jordbävningar på många platser. Men allt detta är bara början på födslovåndorna'." (Matt 24:3-8)

> "Men Anden säger tydligt att i de sista tiderna kommer några att avfalla från tron och följa villoandar och onda andars läror." (1 Tim 4:1)

> "Skulle då inte Gud skaffa rätt åt sina utvalda som ropar till honom dag och natt? Han lyssnar tålmodigt till dem. Jag säger er: Han ska snart skaffa dem rätt. Men ska Människosonen finna tron på jorden när han kommer?" (Luk 18:7-8)

"Du ska veta att i de sista dagarna blir det svåra tider. Människorna kommer att vara egenkära, penningkära, skrytsamma, stolta, hånfulla, olydiga mot sina föräldrar, otacksamma, gudlösa, kärlekslösa, oförsonliga, skvallriga, obehärskade, råa, fientliga mot det goda, falska, hänsynslösa och högmodiga. De kommer att älska njutning mer än Gud och ha ett sken av gudsfruktan men förneka dess kraft. Håll dig borta från dem!" (2 Tim 3:1-5)

"När det gäller vår Herre Jesu Kristi ankomst och hur vi ska samlas hos honom ber vi er, bröder, att inte plötsligt tappa fattningen. Låt er inte skrämmas av någon ande eller av något ord eller brev som påstås komma från oss och som säger att Herrens dag är här. Låt ingen bedra er på något sätt. Först måste avfallet komma och laglöshetens människa träda fram, fördärvets son, motståndaren som förhäver sig över allt som kallas gud eller heligt så att han sätter sig i Guds tempel och säger sig vara Gud."
(2 Tess 2:1-4)

"Tecken ska visa sig i solen och månen och stjärnorna, och på jorden ska folken gripas av ångest och stå rådlösa vid havets och vågornas dån. Människor ska tappa andan av skräck i väntan på det som ska drabba världen, för himlens makter ska skakas." (Luk 21:25-26)

Det genomgående intrycket som förmedlas är inte att vi kan förvänta oss en stor väckelse, utan snarare ett stort avfall. Avfall handlar dessutom om människor som lämnar sin tro, det är ju inte de icke troende som avfaller.

I Lukasevangeliet säger Jesus dessutom "ska Människosonen finna tron på jorden när han kommer?

Man kan då fundera över varifrån den tro på väckelse som finns i den kristna församlingen fått sin inspiration?

Detta utesluter naturligtvis inte att vi skall be om väckelse och följa missionsbefallningen, men jag har svårt se något bibelstöd för en stor väckelse i de sista dagarna. Johannes uppmanar oss att vara vaksamma och pröva vad som kommer från Gud och vad som kan komma från falska profeter:

> "Mina älskade, tro inte varje ande, utan pröva om andarna kommer från Gud. Det finns ju många falska profeter som har gått ut i världen. Så känner ni igen Guds Ande: varje ande som bekänner att Jesus är Kristus som kommit i köttet, den är från Gud, och varje ande som inte bekänner Jesus, den är inte från Gud. Detta är Antikrists ande, som ni har hört skulle komma och som redan nu finns i världen."
> (1 Joh 4:1-3)

När det gäller bibeltolkning så blir det problematiskt om man tar ut något enstaka bibelord och bygger en lära på detta. Det är då viktigt att undersöka om det finns andra bibelsammanhang som inte bekräftar eller talar emot.

Vredesdomen

Det är på grund av vad Antikrist under vedermödan utsätter människor för som inte inordnar sig under honom, som vredes-domen faller. I Romarbrevet framgår att de sant troende inte kom-mer att vara med i vredesdomen:

> "När vi nu har förklarats rättfärdiga genom hans blod, hur mycket mer ska vi då inte genom honom bli frälsta från vredesdomen?" (Rom 5:9)

Kung David beskriver ett scenario som sannolikt kan tolkas som vredesdomen. Dels talar han om skötet som alltså har med förlossning att göra, dels samlar han sin här, man kan ana en stor skara människor. Allt detta händer på vredens dag:

"Herren sade till min Herre: 'Sätt dig på min högra sida tills jag lagt dina fiender som en pall under dina fötter.' Din makts spira ska Herren sträcka ut från Sion. Härska mitt bland dina fiender! Villigt kommer ditt folk när du samlar din här. I helig skrud kommer din ungdom till dig, som dagg ur morgonrodnadens sköte. Herren har gett sin ed och ska inte ångra sig: 'Du är präst för evigt, på samma sätt som Melkisedek.' Herren är vid din högra sida, han krossar kungar på sin vredes dag. Han ska hålla dom bland hednafolken, överallt ska kroppar ligga, han krossar hövdingar över hela jorden. Han ska dricka ur bäcken vid vägen, därför ska han lyfta huvudet högt." (Psalm 110)

Antikrist skall i slutet av vedermödan samla alla världens folk för att strida mot och försöka inta Jerusalem. Då kommer Herren gå ut i strid och tillintetgöra Satan, som kommer att bindas i tusen år. De heliga som inte tagit vilddjurets märke, de skall leva och regera med Kristus i tusen år. De andra döda skall få liv efter att de tusen åren har gått. Efter de tusen åren skall Satan släppas lös och han skall förvilla folken. Här nämns Gog och Magog som skall vara med och omringa den heliga staden, Jerusalem.

Det är under vredestiden som vredesskålarna töms över jorden, som beskrivs i Uppenbarelseboken kap 16:

"Se, Herrens dag kommer! Då ska man dela bytet bland er, för jag ska samla alla hednafolk till strid mot Jerusalem. Staden kommer att intas, husen plundras och kvinnorna våldtas. Halva staden ska föras bort i fångenskap. Men de som är kvar av folket ska inte utrotas ur staden.

Sedan ska Herren gå ut i strid mot dessa hednafolk, så som han stred förr på drabbningens dag. På den dagen ska han stå med sina fötter på Olivberget, mitt emot Jerusalem, österut. Och Olivberget ska klyvas mitt itu, från öster till väster, till en väldig dal. Hälften av berget ska vika mot norr och andra hälften mot söder." (Sak 14:1-4)

"Herren ska vara kung över hela jorden. På den dagen ska Herren vara en och hans namn ett." (Sak 14:9)

Herren är vid din högra sida, han krossar kungar på sin vredes dag. Bland hednafolken, överallt ska kroppar ligga, över hela jorden. (Ps 110:5-6)

"Och jag såg en ängel komma ner från himlen med nyckeln till avgrunden och en stor kedja i handen. Och han grep draken, den gamle ormen som är Djävulen och Satan, och band honom för tusen år. Sedan kastade ängeln honom i avgrunden och stängde och förseglade den över honom, för att han inte mer skulle förleda folken förrän de tusen åren nått sitt slut. Därefter ska han släppas lös för en kort tid. Och jag såg troner, och de som satt på dem fick rätt att döma. Och jag såg själarna av dem som hade blivit hals-huggna för Jesu vittnesbörd och Guds ord och som inte hade tillbett vilddjuret och dess bild eller tagit emot märket på sin panna eller sin hand. De levde och regerade med Kristus i tusen år. Men de andra döda levde inte förrän de tusen åren hade gått. Detta är den första uppståndelsen. Salig och helig är den som har del i den första uppståndel-sen. Över dem har den andra döden ingen makt, utan de ska vara Guds och Kristi präster och regera med honom i tusen år. Och när de tusen åren har nått sitt slut ska Satan släppas ut ur sitt fängelse." (Upp 20:1-7)

Både Daniel, som levde för c:a 2600 år sedan och Johannes som levde för c:a 2000 år sedan, beskriver ett scenario som troligen är samma händelse, som sker vid tidens avslutning. Ärkeängeln Mikael och hans änglar har en central roll. Mycket av detta är fortfarande förborgat, men man kan se att draken/djävulen strider mot både det judiska folket och de kristna "mot de övriga av hennes barn, mot dem som lyder Guds bud och håller fast vid Jesu vittnesbörd".

Som tidigare nämnts så har profetior ofta en dubbel betydelse, så även Danielprofetian. Den handlar både om sista tiden av vedermödan men även tiden vid den slutliga domen, eftersom han säger, "De många som sover i mullen ska vakna, några till evigt liv och andra till förakt och evig skam". Det är knappast troligt att de troende som uppväcktes vid den första uppståndelsen, väcks upp till förakt och evig skam. Kvinnan i texten från Uppenbarelseboken syftar med all sannolikhet på det judiska folket:

"På den tiden ska Mikael träda fram, den store fursten som står som försvarare för dina landsmän. Det kommer en tid av nöd, som inte har haft sin like ända från den dag då folken blev till och fram till den tiden. Men på den tiden ska ditt folk bli frälst, alla som är skrivna i boken. De många som sover i mullen ska vakna, några till evigt liv och andra till förakt och evig skam. De förståndiga ska då lysa som himlavalvets ljus, och de som har fört många till rättfärdighet som stjärnorna för alltid och för evigt. 'Men du, Daniel, ska gömma dessa ord och försegla bokrullen till den sista tiden. Många ska forska i den och kunskapen ska bli stor.' När jag, Daniel, såg upp, se, då stod det två andra där, en på flodens ena strand och en på den andra stranden. En av dem sade till mannen som stod klädd i linnekläder ovanför flodens vatten: 'Hur länge dröjer det innan slutet kommer med dessa märkliga ting?' Jag lyssnade till mannen som stod klädd i linnekläder ovanför flodens vatten, och han lyfte sin högra och sin vänstra hand mot himlen och svor vid honom som lever för evigt: 'Efter en tid och tider och en halv tid, när det heliga folkets makt är krossad, då ska allt detta fullbordas.' Jag hörde det men förstod inte, så jag frågade: 'Min herre, vad blir slutet på allt detta?' Då sade han: 'Gå, Daniel, för dessa ord ska förbli gömda och förseglade till den sista tiden. Många ska bli renade och tvättade och luttrade, men de ogudaktiga ska utöva sin ogudaktighet. Ingen ogudaktig ska förstå detta, men de förståndiga ska förstå det. Från den tid då det dagliga offret avskaffas och förödelsens styggelse ställs upp ska det gå 1290 dagar. Salig är den som håller ut och når fram till 1335 dagar. Men gå du bort tills slutet kommer. Sedan du har vilat ska du uppstå och få din lott vid dagarnas slut'." (Dan 12:1-13)

"En strid uppstod i himlen: Mikael och hans änglar gav sig i strid med draken. Och draken och hans änglar stred, men han var inte stark nog, och det fanns inte längre någon plats för dem i himlen. Och den store draken, den gamle ormen, som kallas Djävul och Satan, han som bedrar hela världen, kastades ner på jorden och hans änglar kastades ner med honom. Och jag hörde en stark röst i himlen säga: 'Nu har frälsningen och makten och riket blivit vår Guds och väldet hans Smordes. Ty våra bröders åklagare har blivit nerkastad, han som dag och natt anklagade dem inför vår Gud. De övervann honom genom Lammets blod och genom sitt vittnesbörds ord. De älskade inte sitt liv så högt att de drog sig undan döden. Jubla därför, ni himlar och ni som bor i dem! Men ve dig, du jord och du hav, ty djävulen har kommit ner till er i stor vrede, eftersom han vet att hans tid är kort.' När draken såg att han hade blivit nerkastad på jorden, förföljde han kvinnan som hade fött barnet. Men den stora örnens båda vingar gavs åt kvinnan, så att hon kunde flyga ut till sin plats i öknen, där hon borta från ormen får sitt uppehälle en tid, tider och en halv tid. Då sprutade ormen vatten ur sin mun som en flod efter kvinnan, för att hon skulle föras bort med floden. Men jorden hjälpte kvinnan, den öppnade sin mun och svalde floden som draken sprutade ur sin mun. I sitt raseri mot kvinnan gick draken bort för att strida mot de övriga av hennes barn, mot dem som lyder Guds bud och håller fast vid Jesu vittnesbörd. Och draken stod på sanden vid havet." (Upp 12:7-18)

I de sista dagarna kommer Herren att utgjuta av sin Ande, Han kommer då att göra "tecken nere på jorden, blod, eld och moln av rök". Detta kan handla om när Han återkommer till Olivberget under vredesdomen. Det kommer att bli mörkt då solen inte skall ge sitt sken. Osökt får man tanken när Jesus dog på korset, då det också blev mörkt. Båda dessa händelser markerar en avslutning och början till något nytt.

På pingstdagen talade aposteln Petrus till folket vid templet i Jerusalem, med hänvisning till Joels bok kapitel 2:

> "Och det ska ske i de sista dagarna, säger Gud, att jag utgjuter av min Ande över allt kött. Era söner och era döttrar ska profetera, era unga ska se syner och era gamla ska ha drömmar. Ja, över mina tjänare och tjänarinnor ska jag i de dagarna utgjuta av min Ande, och de ska profetera. Och jag ska göra under uppe på himlen och tecken nere på jorden, blod, eld och moln av rök. Solen ska vändas i mörker och månen i blod innan Herrens dag kommer, den stora och strålande. Och det ska ske att var och en som åkallar Herrens namn ska bli frälst." (Apg 2:17-21)

> "Det ska ske på den dagen, säger Herren Gud, att jag ska låta solen gå ner vid middagstid och lägga landet i mörker mitt på ljusa dagen." (Amos 8:9)

> "Vid sjätte timmen kom ett mörker över hela landet som varade fram till nionde timmen." (Mark 15:33)

Tecken och tider

I Matteusevangeliet får Jesus frågan av lärjungarna vad som blir tecknet på Hans återkomst och den här tidsålderns slut? Jesus ger ett svar som först kan förvåna. Han säger t ex att de skall se till att inte bli bedragna eftersom många falska profeter skall uppstå. Svåra tider kommer och måste hända. Detta är bara början på födslovåndorna, men efter detta skall slutet komma:

"Jesus svarade dem: 'Se till att ingen bedrar er. Många ska komma i mitt namn och säga: Jag är Messias, och de ska bedra många. Ni kommer att höra stridslarm och rykten om krig. Se då till att ni inte blir skrämda. Sådant måste hända, men det är ännu inte slutet. Folk ska resa sig mot folk och rike mot rike, och det ska bli svält och jordbävningar på många platser. Men allt detta är bara början på födslovåndorna. Då ska man utlämna er åt lidande och döda er, och ni kommer att bli hatade av alla folk för mitt namns skull. Och då skall många komma på fall, och de skall förråda varandra och hata varandra. Många falska profeter skall träda fram och bedra många, och eftersom laglösheten ökar kommer kärleken att kallna hos de flesta. Men den som håller ut till slutet skall bli frälst. Och detta evangelium om riket skall förkunnas i hela världen till ett vittnesbörd för alla folk. Sedan skall slutet komma'." (Matt 24:4-14)

"Var på er vakt och håll er vakna, för ni vet inte när tiden är inne." (Mark 13:33)

"Mina älskade, ni vet ju redan detta. Var därför på er vakt, så att ni inte dras med i de laglösas villfarelse och förlorar ert fäste. Väx i stället i nåd och kunskap om vår Herre och Frälsare Jesus Kristus. Hans är äran, nu och till evighetens dag. Amen." (2 Petr 3:17)

Det kommer att uppstå många olika läror, teologier myter mm som människor kommer att vända sig till:

"Det ska komma en tid då människor inte längre står ut med den sunda läran utan samlar åt sig mängder av lärare efter sina egna begär, så som det kliar i deras öron att få höra. De vägrar att lyssna till sanningen och vänder sig till myter." (2 Tim 4:3-4)

Om det vore så att Kristi församling skulle hämtas innan vedermödan, varför uppmanar Jesus oss att vi måste vara på vår vakt?

Om man tror att Jesus hämtar de troende innan vedermödan, kanske man inte är beredd när den svåra tiden kommer? Kan detta vara orsaken till det som Jesus säger "då ska många komma på fall?". Det är lätt att glömma Gud, man har det så bra att man materiellt sett inte längre tycker sig behöva eller förlita sig på Honom:

> "Men var på er vakt! Jag har sagt er allt i förväg."
> (Mark 13:23)

Några funderingar kring detta med falska läror beträffande darbyismen, (se sida 101) som ju var en ny lära, att Jesus skulle hämta församlingen innan vedermödan bröt ut. Om så vore fallet, hur är det då möjligt att avfalla när Antikrist kommer, om man redan har blivit uppryckt? Darbyismen kan mycket väl vara en sådan falsk lära som Jesus avser?

Ungefär samtidigt med denna lära kom år 1830 Mormons bok, som är ett "profetiskt" tillägg till Bibeln.

> "För alla som hör profetians ord i denna bok betygar jag: Om någon lägger något till dessa ord, ska Gud lägga på honom de plågor som beskrivs i denna bok. Och om någon tar bort något från orden i denna profetias bok, ska Gud ta ifrån honom hans del i livets träd och i den heliga staden som beskrivs i denna bok." (Upp 22:18-19)

Mary Baker Eddy (1821-1910) startade Christian Science (Kristen vetenskap). Hon sammankopplade hypnos med helande och gjorde detta inom en religiös kontext. Hon menade att sjukdom egentligen inte är något i sig självt, utan enbart avsaknad av hälsa. Eftersom Gud är god så handlar det om att ta in detta i sin ande, så blir man frisk. Hon gav ut boken "Vetenskap och hälsa", en bok de håller som lika viktig som Bibeln.

Mary Baker Eddy bodde i Boston där hon startade sin kyrka. Hon gick på den mångreligiösa skolan Emerson College Orratory. Under ett år, 1892, gick en man på samma skola vid namn Essek

William Kenyon. Han tog till sig och utvecklade denna lära vidare. Bl a menade han att människan var frisk, sjukdom var djävulens verk och det handlade om att göra sig av med djävulen, så blir man frisk. Kenyon blev en förgrundsperson inom trosförkunnelsen.

Det är viktigt att pröva allt och Bibeln säger att av frukten kan vi känna trädet. Är frukten kärlek eller splittring, höga profeter, självutnämnda ledare o likn?

> "Säg antingen att trädet är gott och frukten god, eller att trädet är dåligt och frukten dålig. För på frukten känner man trädet." (Matt 12:33)

När det gäller frågan som lärjungarna ställer, när skall detta ske? Jesus svarar inte på denna fråga, men på andra ställen finns hans svar:

> "Men den dagen eller stunden känner ingen – inte änglarna i himlen, inte ens Sonen, ingen utom Fadern." (Mark 13:32)

Vi får inte veta exakt när detta skall ske, men det finns en del tecken som Bibeln uppmanar oss att hålla ögonen på. Ett av dessa tecken är bilden av fikonträdet. Att fikonträdet är en bild av Israel råder stor enighet bland teologer. Fikonträdet började knoppas = Israel återuppstod som nation år 1948. Detta är ett mycket tydligt tecken på att tiden närmar sig sin avslutning:

> "Lär av en jämförelse med fikonträdet. Redan när kvisten blir mjuk och bladen spricker ut vet ni att sommaren är nära. På samma sätt vet ni, när ni ser allt detta hända, att han är nära och står för dörren." (Mark 13:28-29)

Ett annat tecken varpå vi skall kunna förstå närheten till tidens avslut är att "evangeliet skall bli predikat till jordens yttersta gräns". Det finns en tolkning av detta som säger att eftersom evangeliet utgick från Israel, så skall det nå alla folk runt jorden och återkomma till Israel. Evangeliet spreds i början huvud-

41

sakligen västerut, och skall gå runt jorden för att komma tillbaka från öster. Är det kanske kristna människor från Asien som skall nå Israel med evangelium? Vi vet att detta ännu inte har skett, det finns folk som budskapet inte nått till.

Vidare säger Jesus att de första skall bli de sista och de sista skall bli de första. En tänkbar tolkning är att detta handlar enbart om det judiska folket. De första som Jesus kom till var det judiska folket, men de blev de sista, eftersom de inte tog emot honom som Messias. Men i förlängningen kommer de att bli de första, när de tar emot honom som Messias, framför allt då Han sätter sina fötter på Olivberget:

> "När de nu var samlade frågade de honom: 'Herre, är tiden nu inne då du ska återupprätta riket åt Israel?' Han svarade dem: 'Det är inte er sak att veta vilka tider eller stunder som Fadern i sin makt har bestämt. Men när den helige Ande kommer över er, ska ni få kraft och bli mina vittnen i Jerusalem, i hela Judeen och Samarien och ända till jordens yttersta gräns'." (Apg 1:6-8)

> "Här i världen får de hus, bröder, systrar, mödrar, barn och åkrar, mitt under förföljelser, och sedan i den kommande världen evigt liv. Men många som är först ska bli sist, och de som är sist ska bli först." (Mark 10:30-31)

Som tidigare nämnts så säger Jesus i Matteusevangeliet att det skall bli ett stort avfall och falska profeter skall uppstå i den sista tiden, vilket också är ett tecken.

När Bibeln säger att Han kommer som en tjuv om natten så kan vi förstå natten som en mörk tid och att tjuven kommer överraskande. Här har vi åter anspelningen på födslovåndan när det står "lika plötsligt som värkarna hos en kvinna som ska föda":

> "Ni vet själva mycket väl att Herrens dag kommer som en tjuv om natten. När folk säger: "Fred och trygghet', då drab-

bar undergången dem lika plötsligt som värkarna hos en kvinna som ska föda, och de slipper inte undan."
(1 Tess 5:2)

"Var därför vakna, för ni vet inte vilken dag er Herre kommer. Men det förstår ni att om husägaren visste när på natten tjuven kom, då hade han hållit sig vaken och inte låtit någon bryta sig in i hans hus. Var därför beredda också ni, för i en stund när ni inte väntar det kommer Människosonen."
(Matt 24:42-44)

Ett tecken som ofta framhålls är att templet i Jerusalem skall återuppbyggas på den gamla tempelplatsen. Hur detta skall gå till vet vi inget om. På den plats där templet stod är idag en islamsk helgedom placerad, klippdomen och Al-Aqsa moskén. Om det skall byggas ett nytt fysiskt tempel på samma plats måste det ske ett under, och det ligger i så fall i Guds händer.

I Israel har man förberett för ett nytt tempel på så sätt att all inredning till ett kommande tempel redan har tillverkats.

Man kan också göra en annan tolkning av tempelbygget som är av mer andlig art. Bibeln säger att de troende är den helige Andes tempel, att Guds Ande bor inom den troende:

"Vet ni inte att ni är Guds tempel och att Guds Ande bor i er? Om någon fördärvar Guds tempel ska Gud fördärva honom. Guds tempel är heligt, och det templet är ni."
(1 Kor 3:16-17)

"Vad kan Guds tempel ha för gemenskap med avgudarna? Vi är den levande Gudens tempel, för Gud har sagt: Jag skall bo hos dem och vandra bland dem och vara deras Gud, och de skall vara mitt folk." (2 Kor 2:16)

"Låt ingen bedra er på något sätt. Först måste avfallet komma och laglöshetens människa träda fram, fördärvets son, motståndaren som förhäver sig över allt som kallas gud

43

eller heligt så att han sätter sig i Guds tempel och säger sig vara Gud. Minns ni inte att jag sade er detta medan jag ännu var hos er? Och ni vet vad det är som nu håller honom tillbaka så att han kan träda fram först när hans tid kommer. Laglöshetens hemlighet är ju redan verksam. Nu måste bara han som håller tillbaka röjas ur vägen." (1 Tess 2:3-7)

Jesus förutsäger att det fysiska templet skall rivas ner, det skall inte lämnas sten på sten. Han gör en koppling till sig själv och det andliga templet, där Han är hörnstenen i ett tempelbygge:

> "När några talade om hur templet var utsmyckat med vackra stenar och tempelgåvor, sade Jesus: "Detta som ni ser – det ska komma dagar då här inte lämnas sten på sten. Allt ska rivas ner." (Luk 21:6)

> "Jesus svarade: 'Riv ner det här templet, så ska jag resa upp det på tre dagar.' Judarna sade: 'I fyrtiosex år har man byggt på det här templet, och du ska resa upp det på tre dagar!' Men templet han talade om var hans kropp."
> (Joh 2:20-21)

> "Jesus är stenen som ni byggnadsarbetare förkastade men som har blivit en hörnsten." (Apg 4:11)

> "Eller vet ni inte att er kropp är ett tempel för den helige Ande som bor i er och som ni har fått av Gud? Ni tillhör inte er själva." (1 Kor 6:19)

Paulus skriver "ni vet vad det är som nu håller honom tillbaka så att han kan träda fram först när hans tid kommer." Detta kan då tolkas utifrån vad Herren sade till Lot då han skulle fly från Sodom, att Herren inte kunde förgöra staden så länge Lot och hans familj var kvar, alltså så länge det fanns någon rättfärdig kvar. Om det finns rättfärdiga kristna kvar i världen "Guds tempel" så blir detta ett hinder som håller djävulen tillbaka. När avfallet bland de troende blivit tillräckligt stort, har utrymme lämnats för att Antikrist skall kunna framträda:

44

"Men skynda dig att fly dit, för jag kan inte göra något förrän du är där." Därför fick staden namnet Soar." (1 Mos 19:22)

Paulus säger alltså att alla som tagit emot frälsningen har fått Guds Ande inom sig. Dessa blir då ett tempel för Anden, och Guds rike finns inom dem. Eftersom Guds Ande, och därmed templet, finns inom människan kan man också säga att Guds tempel finns i hela världen.

Bibeln säger att det skall bli ett avfall, och avfall sker inte från personer som inte tagit emot Jesus, utan det handlar naturligtvis om avfall från tron. Om man lämnar sin tro lämnar också Guds Ande templet = människan, och ger utrymme för annat att ta sin boning i människan. När det står att "laglöshetens hemlighet är ju redan verksam" kan man se hur t ex österländsk religion, Yoga, New Age mm breder ut sig allt mer bland människor. Sekulari-sering, humanism mm breder ut sig allt mer i världen. Ordet säger "Vad kan Guds tempel ha för gemenskap med avgudarna" kan mycket väl handla om att människan lämnar tron och öppnar sig till andra företeelser. Vidare säger Paulus "ni vet vad det är som nu håller honom tillbaka" så kan det handla om att det finns så många troende som har Guds Ande inom sig, vilket blir ett hinder för Antikrist.

Antikrist har här olika namn såsom laglöshetens människa, för-därvets son och motståndaren, men det handlar om samma person.

Genom att vara vakna och ge akt på tidstecken kan vi förstå när tiden är nära, utan att dock veta den exakta tidpunkten:

"Men ni, bröder, lever inte i mörker så att den dagen kan överraska er som en tjuv." (1 Tess 5:4)

I sammanhanget kan man fundera över om den exakta tiden redan är bestämd, eller om tiden är avhängig vad som händer i världen? Här sägs att vi kan påskynda dess ankomst. I Petrus-brevet kap 3 står det att Gud inte dröjer med att uppfylla sina löften, men har tålamod eftersom Han inte vill att någon skall gå förlorad, utan att alla skall få tid att omvända sig. Vidare säger han att himlen måste behålla Jesus till den dag då allt blir upprättat som Gud har förkunnat genom sina heliga profeter från tidens början:

> "Herren dröjer inte med att uppfylla sitt löfte, så som en del menar. Nej, han har tålamod med er, eftersom han inte vill att någon ska gå förlorad utan att alla ska få tid att omvända sig." (2 Petr 3:9)

> "När nu allt detta går mot sin upplösning, hur heligt och gudfruktigt bör ni då inte leva medan ni ser fram emot Guds dag och påskyndar dess ankomst – den dag som får himlar att upplösas i eld och himlakroppar att smälta av hetta!" (2 Petr 3:11-12)

> "Ångra er därför och vänd om, så att era synder blir utplånade. Då skall den tid komma från Herren, då vi får vila ut, och han skall sända er den Messias, som han har bestämt, Jesus, fast himlen måste behålla honom till den dag då allt blir upprättat som Gud har förkunnat genom sina heliga profeter från tidens början." (Apg 3:19-21)

Eftersom inte ens Jesus fått veta tidpunkten, (trots att Fadern och Sonen är ett) så kan det tyda på att den exakta tidpunkten inte har bestämts i förväg, utan den avgörs utifrån utvecklingen i världen.

Man kan också fundera över Jesu ord i Matteusevangeliet. Handlar texten om den hälsning judarna skall ge Messias då han kommer, eller kan det vara när så stor del av det judiska folket har tagit emot Jesus som Messias att allt är klart för honom att återkomma?:

> "för jag säger er: Härefter kommer ni inte att se mig förrän ni säger: Välsignad är han som kommer i Herrens namn." (Matt 23:39)

Uppryckandet

När det gäller tidpunkten för uppryckandet finns det ett par angivelser som vi får kännedom om:

"Bröder, vi vill att ni ska veta hur det blir med dem som har insomnat, så att ni inte sörjer som de andra, de som inte har något hopp. Eftersom vi tror att Jesus har dött och uppstått, så ska Gud på samma sätt genom Jesus föra fram de insomnade tillsammans med honom. Vi säger er detta enligt ett ord från Herren: vi som lever och är kvar till Herrens ankomst ska alls inte komma före de insomnade. När en befallning ljuder, en ärkeängels röst och en Guds basun, då ska Herren själv komma ner från himlen, och de som har dött i Kristus ska uppstå först. Därefter ska vi som lever och är kvar ryckas upp bland skyar tillsammans med dem för att möta Herren i rymden. Och så ska vi alltid vara hos Herren. Trösta därför varandra med dessa ord." (1 Tess 4:13-18)

"Se, jag säger er en hemlighet: Vi ska inte alla insomna, men vi ska alla förvandlas, i ett nu, på ett ögonblick, vid den sista basunens ljud. Basunen ska ljuda och de döda ska uppstå odödliga, och vi ska förvandlas." (1 Kor 15:51-52)

Angivelsen här är att slutet och uppryckandet kommer vid den sista basunens ljud. Och när blåser ängeln i den sista "sjunde" basunen? Jo vid denna tidsålders avslutning.

Intressant är också när Paulus i Korintierbrevet delger en hemlighet, så skriver Johannes i Uppenbarelseboken att Guds hemlighet då är fullbordad:

"Men i de dagarna när den sjunde ängelns röst hörs och han blåser i sin basun, då är Guds hemlighet fullbordad, så som han har förkunnat i det evangelium han gett sina tjänare profeterna." (Upp 10:7)

47

"Och den sjunde ängeln blåste i sin basun. Då hördes starka röster i himlen. "Väldet över världen tillhör nu vår Herre och hans Smorde, och han skall vara kung i evigheters evighet." (Upp 11:15)

"Strax efter de dagarnas nöd ska solen förmörkas och månen inte längre ge sitt sken. Stjärnorna ska falla från himlen, och himlens makter ska skakas. Då ska Människosonens tecken synas på himlen, och jordens alla folk ska jämra sig när de ser Människosonen komma på himlens moln med stor makt och härlighet. Med starkt basunljud ska han sända ut sina änglar, och de ska samla hans utvalda från de fyra väderstrecken, från himlens ena ände till den andra." (Matt 24:29-31)

När det gäller att de troende skall uppstå vid Jesus/Messias ankomst, kommer de att få en ny kropp "härlighetskropp", som dock verkar ha likheter med vår jordiska kropp:

"Han ska förvandla vår bräckliga kropp och göra den lik hans härlighetskropp, för han har makt att lägga allt under sig." (Fil 3:21)

"Så är det också med de dödas uppståndelse. Det som blir sått förgängligt uppstår oförgängligt. Det som blir sått i ringhet uppstår i härlighet. Det som blir sått i svaghet uppstår i kraft. Det sås en jordisk kropp, det uppstår en andlig kropp. Finns det en jordisk kropp, finns det också en andlig kropp. Så står det också skrivet: Den första människan, Adam, blev en levande varelse. Den siste Adam blev en livgivande ande." (1 Kor 15:42-45)

Då Jesus hade uppstått från de döda hade han en ny kropp, men lärjungarna kunde ändå känna igen honom, samma kropp men ändå annorlunda, t ex kunde han gå genom stängda dörrar:

"På kvällen samma dag, den första veckodagen, var lärjungarna samlade bakom låsta dörrar av rädsla för judarna. Då

48

kom Jesus och stod mitt ibland dem och sade: 'Frid vare med er!' När han hade sagt detta visade han dem sina händer och sin sida. Och lärjungarna blev glada när de såg Herren." (Joh 20:19-20)

Skillnaden mellan den jordiska och himmelska kroppen beskriver både Jesus och Paulus med jämförelsen mellan sädeskornet som läggs i jorden och växer upp till en ny planta:

"Jesus svarade: 'Stunden har kommit när Människosonen ska förhärligas. Jag säger er sanningen: Om vetekornet inte faller i jorden och dör, förblir det ett ensamt korn. Men om det dör bär det rik frukt. Den som älskar sitt liv förlorar det, men den som sätter sitt liv sist i den här världen ska bevara det till evigt liv'." (Joh 12:23-25)

"Nu kanske någon frågar: Hur uppstår de döda? Vad har de för kropp när de kommer? Du oförståndige, det du sår får inte liv om det inte dör. Och det du sår har inte den form det ska få utan är ett naket korn, kanske av vete eller något annat slag." (1 Kor 15:35-37)

Då Jesus lämnade jorden beskrivs Hans himmelsfärd bl a i Apost-lagärningarna:

"När han nu hade talat detta, medan de såg på, blev han upptagen, och ett moln tog emot honom ur deras åsyn. Och medan de orubbligt såg mot himlen när han gick upp, se, två män stodo bredvid dem i vita kläder, som också sade: "Galileiska män, varför står ni och blickar upp mot himlen? Denne Jesus, som togs upp från er till himlen, kommer så att komma på samma sätt som du såg honom gå till himlen." (Apg 1:9-11)

Kristi ankomst kommer att vara ögonblicklig och världsomspännande:

"Ty som blixten kommer från öster och blinkar mot väster, så kommer också Människosonens ankomst att vara." (Matt 24:27)

Kristi ankomst kommer att vara synlig för alla:

"Då kommer Människosonens tecken uppenbara sig i himlen, och då kommer alla jordens stammar att sörja, och de kommer att se Människosonen komma på himlens moln med kraft och stor härlighet." (Matt 24:30)

Kristi ankomst kommer att vara hörbar:

"Och Han kommer att sända sina änglar med ett starkt basunljud, och de kommer att samla hans utvalda från de fyra vindarna, från himlens ena ände till den andra." (Matt 24:31)

De rättfärdigas uppståndelse kommer att inträffa först:

"Ty Herren själv kommer att stiga ner från himlen med ett rop, med en ärkeängels röst och med Guds basun. Och de döda i Kristus ska uppstå först." (1 Tess 4:16)

Inte enbart de troende kristna, utan även judar kommer att uppstå på denna dag:

"Men gå du bort tills slutet kommer. Sedan du har vilat ska du uppstå och få din lott vid dagarnas slut." (Dan 12:13)

"Och jag säger er: Många ska komma från öster och väster och ligga till bords med Abraham och Isak och Jakob i himmelriket." (Matt 8:11)

I en enda händelse kommer de frälsta som är vid liv vid Kristi ankomst att fångas upp tillsammans med de uppståndna för att möta Herren i luften:

"Då ska vi som lever och finns kvar tillsammans med dem ryckas upp i molnen för att möta Herren i luften. Och så ska vi alltid vara med Herren." (1 Tess 4:17)

Eftersom Jesu återkomst vid tidens slut, alla de sant troende (de avsomnade och de som då lever) skall ryckas upp Herren till mötes, säger samtidigt Bibeln att vi inte skall vara med under själva vredesdomen:

"Gud har inte bestämt oss till att drabbas av vredesdomen utan till att vinna frälsning genom vår Herre Jesus Kristus." (1 Kor 5:9)

Eftersom Jesus/Messias endast skall komma vid ett tillfälle, kan man undra om uppryckandet och att han sätter sin fötter på Olivberget sker på samma dag eller kanske någon dag/dagar emellan? I Danielsboken anges två olika tidsperioder, dels 1290 dagar och dels 1335 dagar. Kan denna tidsskillnad på 45 dagar ha att göra med vredesdomens längd? Detta får vi inte veta. Dock är det så att Daniel behandlar tidens avslutning, så någon betydelse har det, även om detta fortfarande är dolt:

"Från den tid då det dagliga offret avskaffas och förödelsens styggelse ställs upp ska det gå 1290 dagar. Salig är den som håller ut och når fram till 1335 dagar." (Dan 12:11-12)

Herren Sebaot kommer att bjuda in till en festmåltid till Sions berg, Jerusalem. Han skall torka alla tårar och ta bort slöjan, täckelset, som finns över alla folk, både judar och hedningar, så att vi kan se klart. Täckelset som Herren skall ta bort från judarna är att de skall se att Jesus är deras Messias. Täckelset för hedningarna är att de skall se att judarna är Guds egendomsfolk:

"Herren Sebaot ska på detta berg göra en festmåltid för alla folk, en festmåltid med feta rätter och lagrade viner, feta, mustiga rätter och lagrat, klarat vin. Han ska på detta berg utplåna den slöja som beslöjar alla folk, det täckelse som täcker alla folkslag. Han ska utplåna döden för evigt. Herren Gud ska torka tårarna från alla ansikten och ta bort sitt folks vanära från hela jorden, för Herren har talat. På den dagen

51

ska man säga: Se, här är vår Gud! Honom hoppades vi på, att han skulle frälsa oss. Ja, här är Herren som vi hoppades på. Låt oss vara glada och jubla över hans frälsning." (Jes 25:6-9)

Lite skämtsamt kan man undra om denna festmåltid blir en utmaning för t ex veganer/vegetarianer och nykterister?

Paulus skriver i Efesierbrevet att hedningarna (icke-judar) var utan hopp och utan Gud. Genom Jesu blod har skiljemuren, fiendskapen, mellan judar och hedningar rivits ner. Han har sammanfogat dem till en enda människa. Som kristen är man medborgare med de heliga och medlemmar i Guds familj (judarna). Messiastroende judar och kristna kommer att tillsammans utgöra Guds heliga tempel:

"Kom därför ihåg hur det var tidigare: ni var födda som hedningar och kallades oomskurna av dem som kallar sig omskurna, med den omskärelse som görs på kroppen av människohand. På den tiden var ni utan Kristus, utestängda från medborgarskapet i Israel och utan del i förbunden med deras löfte. Ni var utan hopp och utan Gud i världen. Men nu, genom Kristus Jesus, har ni som tidigare var långt borta kommit nära genom Kristi blod. Han är vår frid, han som har gjort de två till ett och rivit skiljemuren, fiendskapen. I sin kropp har han satt lagen ur kraft med dess bud och stadgar, för att i sig själv göra de båda till en enda ny människa och så skapa frid. Så skulle han försona de båda med Gud i en enda kropp genom korset, där han dödade fiendskapen. Han har kommit och förkunnat frid för er som var långt borta och frid för dem som var nära. Genom honom har vi båda i en och samme Ande tillträde till Fadern. Därför är ni inte längre gäster och främlingar, utan medborgare med de heliga och medlemmar i Guds familj. Ni är uppbyggda på apostlarnas och profeternas grund, där hörnstenen är Kristus Jesus själv. I honom fogas hela byggnaden samman och växer upp till ett heligt tempel i Herren, och i honom blir också ni sammanbyggda till en boning åt Gud genom Anden." (Ef 2:11-22)

Det finns en passus i Matteusevangeliet som är tankeväckande. Det står att då Jesus dog på korset brast förlåten i templet och gravar öppnades och det var många heliga döda som fick liv igen. Efter uppståndelsen gick dessa personer in i staden och visade sig. Redan i detta skede kan vi alltså se Jesu uppståndelsekraft:

"Då brast förhänget i templet i två delar, uppifrån och ända ner. Jorden skakade och klipporna rämnade, gravarna öppnades och många avlidna heliga fick liv i sina kroppar. Efter hans uppståndelse kom de ut ur gravarna och gick in i den heliga staden och visade sig för många. När officeren och de som var med honom och bevakade Jesus såg jordbävningen och det som hände, blev de mycket förskräckta och sade: "Den mannen var verkligen Guds Son!" (Matt 27:51-54)

Tusenårsriket

Vredesdomen, i slutet av vedermödan, avslutas med att Antikrist binds och ett fridsrike kommer att inträda, det som också kallas tusenårsriket.

Hur kommer det då vara att bo på denna plats? Det kommer bli en tid av fullständig harmoni, inga mer krig, sjukdom, svält eller miljöförstöring. Fred kommer att råda mellan människor och mellan djur, och även mellan människa och djur:

"Han skall döma mellan hednafolken och skipa rätt för många folk. Då skall de smida sina svärd till plogbillar och sina spjut till vingårdsknivar. Folk skall inte lyfta svärd mot folk och inte mer öva för krig." (Jes 2:4)

"Vargar ska bo tillsammans med lamm, leoparder ligga bland killingar. Kalvar och unga lejon och gödboskap ska vara tillsammans, och en liten pojke ska valla dem. Kor och björnar ska gå och beta, deras ungar ska ligga tillsammans, och lejon ska äta halm som oxar. Ett spädbarn ska leka vid huggormens håla, ett avvant barn räcka ut handen mot giftormens öga. Ingenstans på mitt heliga berg ska man göra något ont eller förstöra något, för landet ska vara fullt av Herrens kunskap, liksom vattnet täcker havet."
(Jes 11:6-9)

"Där ska inte mer finnas spädbarn som lever bara några dagar, eller gamla män som inte uppnår sina dagars mått. Den som dör vid hundra års ålder är en ung man, och först vid hundra års ålder ska syndaren drabbas av förbannelsen." (Jes 65:20)

Det kommer alltså vara möjligt att synda och dö även under denna tid.

Då tusenårsriket inträder kommer även hednafolken i världen inse att Herren är Israels Kung:

"Himlen ska glädjas och jorden fröjda sig, bland hednafolken ska man säga: Herren är kung!" (1 Krön 16:31)

De heliga som inte tagit vilddjurets märke, de skall leva och regera med Kristus i tusen år. De andra döda skall uppväckas efter att de tusen åren har gått.

"Salig och helig är den som har del i den första uppståndelsen. Över dem har den andra döden ingen makt, utan de ska vara Guds och Kristi präster och regera med honom i tusen år." (Upp 20:6)

Efter de tusen åren skall Satan släppas lös och han skall förvilla folken på jorden, tillsammans med Gog och Magog. De skall omringa den heliga staden, Jerusalem. Herren kommer då att kasta honom i den brinnande sjön där han kommer att plågas i evighet:

"Och när de tusen åren har nått sitt slut ska Satan släppas ut ur sitt fängelse. Och han ska gå ut för att förleda folken vid jordens fyra hörn, Gog och Magog, och samla dem till striden. Deras antal är som havets sand. De drog upp över hela jordens vidd och omringade de heligas läger och den älskade staden. Men eld kom ner från himlen och förtärde dem. Och djävulen som hade förlett dem kastades i sjön av eld och svavel där också vilddjuret och den falske profeten är. Och de ska plågas dag och natt i evigheters evighet." (Upp 20:7-10)

Det har spekulerats mycket över namnen Gog och Magog genom åren. Ett par exempel:

Ärkebiskopen av Milano, Ambrosius, (c:a 340-397), var år 378 den första som betecknade det gotiska hotet som Gog.

Olof Rudbeck den äldre (1630-1702) kopplade samman Gog och Magog med den Magog som nämns som Jafets son och såg honom som goterna, och därmed skulle vara svenskarnas stamfar. Olof Rudbeck var historiker, professor i medicin och naturforskare. Han var rektor för Uppsala universitet:

"Jafets söner var Gomer, Magog, Madaj, Javan, Tubal, Meshek och Tiras." (1 Mos 10:2)

I keltisk mytologi är Gogmagog en jätte i Cornwall i England. I engelsk folklore splittrades han till slut i de två gestalterna Gog och Magog. Dessa två gestalter återfinns som statyer i Guildhall i London.

Var skall de heliga befinna sig under tusenårsriket?

Efter att de heliga (de som tagit emot Jesus) blivit uppryckta för att möta Herren i skyn, så kommer de att vara med Människosonen/Jesus/Messias i himlen. Till lärjungarna säger Han att de skall sitta på 12 troner. Ordet döma betyder regera:

> "Jesus sade till dem: 'Jag säger er sanningen: Vid pånyttfödelsen, när Människosonen sätter sig på sin härlighets tron, då ska också ni som har följt mig sitta på tolv troner och döma Israels tolv stammar'." (Matt 19:28)

> "Och jag såg troner, och de som satt på dem fick rätt att döma. Och jag såg själarna av dem som hade blivit halshuggna för Jesu vittnesbörd och Guds ord och som inte hade tillbett vilddjuret och dess bild eller tagit emot märket på sin panna eller sin hand. De levde och regerade med Kristus i tusen år. Men de andra döda levde inte förrän de tusen åren hade gått. Detta är den första uppståndelsen. Salig och helig är den som har del i den första uppståndelsen. Över dem har den andra döden ingen makt, utan de ska vara Guds och Kristi präster och regera med honom i tusen år. Och när de tusen åren har nått sitt slut ska Satan släppas ut ur sitt fängelse." (Upp 20:4-7)

> "Runt omkring tronen stod tjugofyra troner, och på tronerna satt tjugofyra äldste klädda i vita kläder och med kronor av guld på huvudet." (Upp 4:4)

> "Salig och helig är den som har del i den första uppståndelsen. Över dem har den andra döden ingen makt, utan de ska vara Guds och Kristi präster och regera med honom i tusen år." (Upp 20:6)

Bibeln talar om 24 troner. De 12 troner som inte besätts av lärjungarna, här kallade de äldste, kommer sannolikt att besättas av Israels 12 stammar. Om så är fallet så inkluderas det judiska folket och de hednakristna, eftersom lärljungarna fanns med då det nya förbundet ingicks:

> "Runt omkring tronen stod tjugofyra troner, och på tronerna satt tjugofyra äldste klädda i vita kläder och med kronor av guld på huvudet." (Upp 4:4)

> "Och de tjugofyra äldste som satt på sina troner inför Gud föll ner på sina ansikten och tillbad Gud." (Upp 11:16)

Domen

En vanlig uppfattning då troende människor dör är att han/hon går hem till Gud i himlen. Vad jag förstår utifrån Bibeln så förhåller det sig inte riktigt på det viset.

I Lukasevangeliet beskrivs att det finns en plats efter döden med två separata delar, men där människor från de två sidorna ändå kunde ha en viss kontakt med varandra:

> "Det var en rik man som gick klädd i purpur och fint linne och levde i fest och lyx varje dag. Men vid hans port låg en fattig man som hette Lasarus, full av sår. Han längtade efter att få äta sig mätt på det som föll från den rikes bord. Hundarna kom till och med och slickade hans sår. Så dog den fattige, och han fördes av änglarna till platsen vid Abrahams sida. Även den rike dog och blev begravd. I helvetet där han plågades, lyfte han sin blick och fick se Abraham långt borta och Lasarus hos honom. Då ropade han: Fader Abraham! Förbarma dig över mig och skicka Lasarus att doppa sin fingertopp i vatten och svalka min tunga, för jag plågas i den här elden. Men Abraham svarade: Mitt barn, kom ihåg att du fick ut ditt goda medan du levde, och Lasarus fick ut det onda. Nu får han tröst här, medan du får plåga. Och dessutom är det satt en stor gapande klyfta mellan oss och er, för att de som vill gå över härifrån till er

inte ska kunna det, och inte heller kommer någon därifrån över till oss." (Luk 16:19-26)

Det ser ut som att människan hamnar i ett "väntrum" innan uppryckandet respektive domen.

Dessutom beskriver Bibeln att de avsomnade skall uppväckas då Jesus kommer i slutet av vedermödan, och detta ligger ju framåt i tiden.

Jordfästningsorden i Svenska Kyrkans begravningsritual poängterar att de döda skall uppstå på den yttersta dagen:

"Av jord har du kommit. Till jord skall du återvända. Jesus Kristus, vår Frälsare, skall uppväcka dig på den yttersta dagen."

Då Gud skapade människan fick hon liv efter att Gud blåst in livsande i henne:

"Och Herren Gud formade människan av jord från marken och blåste in livsande i hennes näsa. Så blev människan en levande varelse." (1 Mos 2:7)

Då människan dör lämnar livsanden kroppen, som läggs i graven. I berättelsen om synagogsföreståndarens dotter kan vi se att det var livsanden som gav hennes kropp liv igen:

"Men han tog flickans hand och ropade: 'Flicka, stå upp! Hennes livsande återvände, och hon reste sig genast. Sedan sade han till dem att ge henne något att äta'."
(Luk 8:54-56)

När Jesus dog lämnade hans Ande kroppen, och Han överlämnade sin ande i Guds händer. Han steg ner till dödsriket där han förkunnade sin seger. I en del bibelöversättningar står det att Han predikade för andarna. Predikan brukar ju bl a ha som syfte att människor skall få ett tillfälle att ta emot och omvända sig. Kan människans ande få en andra chans efter döden? Om detta kan vi inte veta:

> "Och Jesus ropade med hög röst: 'Far, i dina händer överlämnar jag min ande'." (Mark 23:46)

> "Kristus själv dog ju för era synder, en gång för alla. Rättfärdig dog han för er orättfärdiga för att leda er till Gud. Hans kropp dödades, men han gjordes levande i anden, och så kunde han stiga ner och predika för andarna i deras fängelse." (1 Petr 3:18-19 Bibel 2000)

> "Men de ska stå till svars inför honom som är redo att döma levande och döda. Det var därför evangeliet förkunnades också för dem som nu är döda, för att de skulle dömas till kroppen så som människor döms men leva i anden så som Gud lever." (1 Petr 4:5-6)

Ett par Bibelord som eventuellt antyder att det kan ges en andra chans. Vad kan Jesus mena med att det inte finns förlåtelse för hädelse mot den helige Ande "varken i den här tidsåldern eller i den kommande?" Finns det då förlåtelse för annat än hädelse mot den heliga Ande i den tillkommande tidsåldern?:

> "Den som säger något mot Människosonen ska bli förlåten. Men den som talar mot den helige Ande kommer inte att bli förlåten, varken i den här tidsåldern eller i den kommande. (Matt 12:32)

> "(...) skall den mannen överlåtas åt Satan till köttes fördärv för att anden skall bli frälst på Herrens dag." (1 Kor 5:5)

Om det ges en andra chans går naturligtvis inte att veta, och det är ju dumt att chansa.

När Jesus talar till Korasin, Betsaida och Kapernaum, människorna i dessa städer, och jämför dem med Tyrus, Sidon och Sodom, ser det ut som att domen kan ta sig olika uttryck?

"Ve dig, Korasin! Ve dig, Betsaida! För om kraftgärningarna som gjorts hos er hade gjorts i Tyrus och Sidon, skulle de för länge sedan ha omvänt sig i säck och aska. Jag säger er: Tyrus och Sidon ska få det lindrigare på domens dag än ni. Och du, Kapernaum, ska du kanske bli upphöjd till himlen? Nej, du ska ner i helvetet. För om kraftgärningarna som gjorts i dig hade gjorts i Sodom, skulle det ha stått än i dag. Men jag säger er: Sodoms land ska få det lindrigare på domens dag än du." (Matt 11:21-24)

Från Uppenbarelseboken kap 15 skildras tiden i slutet av tusenårsriket. Här skildras sju änglar med de sista sju plågorna.

"Och de sju änglarna med de sju plågorna kom ut ur templet, klädda i skinande rent linne och med bälten av guld runt bröstet. Och en av de fyra varelserna gav de sju änglarna sju skålar av guld, fulla av vrede från Gud som lever i evigheters evighet." (Upp 15:6-7)

De sex första änglarna tömde sina skålar över jorden med omfattande plågor. Här beskrivs hur den sista striden kommer att ske vid Harmageddon, som ligger i den norra delen av Israel.

"Den sjunde tömde sin skål över luften. Och en stark röst gick ut från tronen i templet: "Det har skett." Och det kom blixtar och dån och åska och en så stor jordbävning att något liknande aldrig har hänt så länge människan har funnits på jorden, så stor och väldig var jordbävningen. Den stora staden rämnade i tre delar, och folkens städer störtade samman. Gud kom ihåg det stora Babylon och räckte det bägaren med sin stränga vredes vin. Alla öar flydde, och bergen fanns inte mer. Stora hagel, tunga som talenter, föll från himlen över människorna, och de hädade Gud för hagelplågan eftersom den var mycket svår." (Upp 16:17-21)

Denna händelse sammanfaller med att Lammet bröt det sjätte sigillet, det blev då en stor jordbävning och öar och berg försvann:

> "Och jag såg när Lammet bröt det sjätte sigillet. Då blev det en stor jordbävning. Solen blev svart som en sorgdräkt, och hela månen blev som blod. Himlens stjärnor föll ner på jorden, som när fikonträdet fäller sina omogna frukter när det skakas av en kraftig vind. Och himlen försvann som när en bokrulle rullas ihop, och alla berg och öar flyttades från sina platser." (Upp 6:12-14)

Petrus beskriver ett scenario som troligen är samma händelse, och som beskriver den sista domen:

> "Genom vatten och Guds ord dränktes den dåtida världen och gick under. Men de himlar och den jord som nu finns har genom samma ord sparats åt eld och bevaras fram till den dag då de gudlösa människorna ska dömas och gå under." (2 Petr 3:6-7)

Här beskrivs domen, "den andra döden". Människor försöker fly från Honom som sitter på tronen. De som då lever och de som dött skall uppstå för att ställas inför den slutliga domen. De troende som var med i den första uppståndelsen är inte med vid denna dom, de är ju redan räddade. Djävulen, tillsammans med vilddjuret, den falske profeten och de som inte var skrivna i livets bok, kastas i sjön som brinner av eld och svavel - det slutliga helvetet:

> "Och när de tusen åren har nått sitt slut ska Satan släppas ut ur sitt fängelse. Och han ska gå ut för att förleda folken vid jordens fyra hörn, Gog och Magog, och samla dem till striden. Deras antal är som havets sand. De drog upp över hela jordens vidd och omringade de heligas läger och den älskade staden. Men eld kom ner från himlen och förtärde dem. Och djävulen som hade förlett dem kastades i sjön av

eld och svavel där också vilddjuret och den falske profeten är. Och de ska plågas dag och natt i evigheters evighet. (Upp 20:7-10)

"Och jag såg en stor vit tron och honom som satt på den. För hans ansikte flydde jord och himmel, och det fanns ingen plats för dem. Och jag såg de döda, stora och små, stå inför tronen. Och böcker öppnades, och ännu en bok öppnades, livets bok. Och de döda dömdes efter sina gärningar, efter det som stod skrivet i böckerna. Och havet gav igen de döda som fanns i det, och döden och helvetet gav igen de döda som fanns i dem, och var och en dömdes efter sina gärningar. Och döden och helvetet kastades i eldsjön. Detta, det vill säga eldsjön, är den andra döden. Och om någon inte fanns skriven i livets bok kastades han i eldsjön." (Upp 20:11-15)

"Salig och helig är den som har del i den första uppståndelsen. Över dem har den andra döden ingen makt, utan de ska vara Guds och Kristi präster och regera med honom i tusen år." (Upp 20:6)

När det gäller Jesu undervisning i Matteusevangeliet om fåren och getterna, så handlar detta inte om domen av de troende, de är ju redan uppryckta och hemma med Jesus, Messias. Denna dom handlar om människor som inte var med i uppryckandet, och de som dött därefter.

Här sägs att "alla folk ska samlas inför honom", och beskriver hur människor har förhållit sig till det judiska folket "mina minsta bröder." Kanske även hur man förhållit sig till de kristna. Av detta kan man få bilden av att vid detta tillfälle får de som ställt upp för och stöttat det judiska folket, bli räddade för evigheten även om man inte tagit emot frälsningen? Människosonen kallar dessa personer för rättfärdiga:

"När Människosonen kommer i sin härlighet och alla änglar med honom, då ska han sätta sig på sin härlighets tron. Och alla folk ska samlas inför honom, och han ska skilja dem från varandra som herden skiljer fåren från getterna. Och han ska ställa fåren på sin högra sida och getterna på den vänstra. Då ska Kungen säga till dem som står på hans högra sida: Kom, ni min Fars välsignade, och ta emot det rike som stått berett för er sedan världens skapelse. För jag var hungrig och ni gav mig att äta. Jag var törstig och ni gav mig att dricka. Jag var främling och ni tog emot mig. Jag var naken och ni klädde mig. Jag var sjuk och ni besökte mig. Jag var i fängelse och ni kom till mig. Då ska de rättfärdiga svara honom: Herre, när såg vi dig hungrig och gav dig att äta, eller törstig och gav dig att dricka? Och när såg vi dig som främling och tog emot dig, eller naken och klädde dig? Och när såg vi dig sjuk eller i fängelse och kom till dig? Då ska Kungen svara dem: Jag säger er sanningen: Allt vad ni har gjort för en av dessa mina minsta bröder, det har ni gjort för mig. Sedan ska han säga till dem som står på den vänstra sidan: Gå bort från mig, ni förbannade, till den eviga elden som är beredd åt djävulen och hans änglar. För jag var hungrig och ni gav mig inte att äta. Jag var törstig och ni gav mig inte att dricka. Jag var främling och ni tog inte emot mig, naken och ni klädde mig inte, sjuk och i fängelse och ni besökte mig inte. Då ska de svara: Herre, när såg vi dig hungrig eller törstig eller som främling eller naken eller sjuk eller i fängelse och hjälpte dig inte? Då ska han svara dem: Jag säger er sanningen: Allt vad ni inte har gjort för en av dessa minsta, det har ni inte heller gjort för mig. Och dessa ska gå bort till evigt straff, men de rättfärdiga till evigt liv." (Matt 25:31-46)

Till de som stod på Kungens högra sida sade Han "Kom, ni min Fars välsignade", och till de som stod på Hans vänstra sida sade

Han "Gå bort från mig, ni förbannade". Här kan vi se den direkta profetiska uppfyllelsen som Herren gav till Abram:

> "Herren sade till Abram: "Gå ut från ditt land och din släkt och din fars hus och bege dig till det land som jag ska visa dig. Där ska jag göra dig till ett stort folk. Jag ska välsigna dig och göra ditt namn stort, och du ska bli en välsignelse. Jag ska välsigna dem som välsignar dig och förbanna den som förbannar dig. I dig ska jordens alla släkten bli välsignade." (1 Mos 1-3)

Efter domen - evighetens hav

Bibeln är ganska fåordig om tiden efter domen, men några ord finns angivna. Fokus riktas mot det nya Jerusalem. I det nya Jerusalem kommer Gud "bo hos dem, och de skall vara hans folk, och Gud själv skall vara med dem och vara deras Gud."

> "Och jag hörde en stark röst från tronen: "Se! Nu står Guds boning bland människorna. Han ska bo hos dem, och de ska vara hans folk, och Gud själv ska vara hos dem."
> (Upp 21:3)

Som ett resultat finns det "inget tempel i det, ty Herren Gud och Lammet är dess tempel. Det behövs inte heller någon sol att ge sitt ljus, "ty Guds härlighet har upplyst det, och Lammet är dess ljus":

> "Något tempel såg jag inte i staden, för Herren Gud den Allsmäktige och Lammet är dess tempel. Staden behöver inte sol eller måne för att få ljus, för Guds härlighet lyser upp den och dess lampa är Lammet." (Upp 21:22-23)

Staden kommer också att vara en plats för stor frid och glädje, ty Gud kommer att torka bort varje tår från deras ögon. Det kommer inte att finnas mer död, inte heller sorg eller gråt, och det kommer inte att finnas mer smärta:

"Och han ska torka alla tårar från deras ögon. Döden ska inte finnas mer, och ingen sorg och ingen gråt och ingen plåga, för det som förr var är borta." (Upp 21:4)

Staden och dess gator är av rent guld, men inte som det guld vi känner, för detta guld beskrivs som genomskinligt glas:

"De tolv portarna bestod av tolv pärlor, och varje port var gjord av en enda pärla. Och stadens gata var av rent guld, som genomskinligt glas." (Upp 21:21)

Livets vatten skall utgå från staden, och där finns också livets träd som bär frukt varje månad och löven ger hälsa och läkedom. Ingen natt skall finnas och inte heller solen, eftersom Herren skall lysa. De som bor i staden skall regera med Herren i evighet.

(Man kan undra över varför det skall finnas träd med löv som ger läkedom om det inte finns sjukdom på denna plats?)

"Och han visade mig en flod med livets vatten, klar som kristall, som går ut från Guds och Lammets tron. Mitt på stadens gata, på båda sidor om floden, står livets träd. Det bär frukt tolv gånger, varje månad ger det sin frukt, och trädets löv ger läkedom åt folken. Och ingen förbannelse ska finnas mer. Guds och Lammets tron ska stå i staden, och hans tjänare ska tjäna honom. De ska se hans ansikte och bära hans namn på sina pannor. Ingen natt ska finnas mer, och de behöver inte lampors sken eller solens ljus, för Herren Gud ska lysa över dem. Och de ska regera som kungar i evigheters evighet." (Upp 22:1-5)

Djävulen är nu borta från världsscenen, eftersom han kastats i eldsjön som brinner av svavel. Detta är troligen ett bildspråk, men klart är att djävulen är helt oskadliggjord:

"Och djävulen som hade förlett dem kastades i sjön av eld och svavel där också vilddjuret och den falske profeten är.

Och de ska plågas dag och natt i evigheters evighet." (Upp 20:10)

Efter att djävulen har slutgiltigt kastats i den brinnande sjön tillsammans med de sina, beskrivs Lammets bröllop. Bruden har klätt sig i rent linne där linnet är de heligas rättfärdighet. Än en gång ser vi bildspråket av äktenskapet:

> "Sedan hörde jag liksom en mäktig röst från en stor skara i himlen säga: 'Halleluja! Frälsningen och äran och makten tillhör vår Gud, ty sanna och rättfärdiga är hans domar. Han har dömt den stora skökan som fördärvade jorden med sin otukt, och han har utkrävt hämnd på henne för sina tjänares blod. Än en gång sade de: 'Halleluja!' Och röken från henne stiger upp i evigheternas evigheter. Och de tjugofyra äldste och de fyra väsendena föll ner och tillbad Gud som sitter på tronen. De sade: 'Amen. Halleluja!' Och från tronen kom det en röst som sade: 'Prisa vår Gud, alla hans tjänare, ni som fruktar honom, både små och stora.' Och jag hörde liksom rösten från en stor skara, lik bruset av stora vatten och dånet av kraftig åska, och de sade: 'Halleluja! Herren vår Gud, den Allsmäktige, har blivit konung. Låt oss vara glada och jubla och ge honom äran. Ty Lammets bröllop har kommit, och hans brud har gjort sig redo. Åt henne har givits att klä sig i skinande, rent linnetyg.' Linnetyget är de heligas rättfärdighet." (Upp 19:1-8 Folkbibeln 1998)

Var finns helvetet?

En inte ovanlig uppfattning är att det inte kan finnas ett helvete, utan att en god Gud måste ju se till att alla människor kommer till paradiset, himlen. Det är inte heller enbart människor som inte säger sig ha en tro som framhåller denna uppfattning, utan även många troende människor. Ett par bibelord som då brukar hänvisas till är:

"Därför har Gud också upphöjt honom över allting och gett honom namnet över alla namn, för att i Jesu namn alla knän ska böjas, i himlen och på jorden och under jorden, och alla tungor bekänna att Jesus Kristus är Herren, Gud Fadern till ära." (Fil 2:9-11)

"När allt annat går under finns tre saker ändå kvar - tron, hoppet och kärleken - men störst av dem är kärleken."
(1 Kor 13:13)

Här säger Paulus att alla skall böja sina knän och bekänna att Jesus är Herre, vilket ju kommer att ske på den yttersta dagen. Men det står inget om att alla därmed skall komma till himlen, eftersom det sedan skall komma en dom. Senare i samma brev säger Paulus att en del slutar i fördärvet:

"Det jag ofta har sagt er, det säger jag nu med tårar: många lever som fiender till Kristi kors. De kommer att sluta i fördärvet. De har buken till sin gud och sätter sin ära i det som är deras skam, dessa som bara tänker på det jordiska."
(Fil 3:18-19)

Ett annat bibelord som brukar åberopas är när Paulus skriver att "Gud blir allt i alla". Jag tror att den som tagit emot Jesus som sin frälsare ser fram emot att Han skall bli allt i mig, medan den som inte tagit emot Honom i sitt liv knappast kommer uppskatta Hans närvaro. Upplevelsen ser olika ut beroende om man tagit emot Honom eller ej. På samma sätt som Jesus beskrivs som en hörnsten, så beskrivs Han även som en stötesten:

"Och när allt blivit lagt under honom, då ska Sonen själv underordna sig den som har lagt allt under honom, så att Gud blir allt i alla." (1 Kor 15:28)

"Därför säger Herren Gud så: Se, jag har lagt en grundsten i Sion, en beprövad sten, en dyrbar hörnsten, en fast grundval. Den som tror på den behöver inte fly." (Jes 28:16) "så som det står skrivet: Se, jag lägger i Sion en stötesten och en klippa till fall. Men den som tror på honom ska inte stå där med skam." (Rom 9:33)

Bibeln är på flera ställen tydlig med att det finns två destinationer. Valet av destination avgör varje människa, man har alltså ett eget val. Om man inte tror att det finns en dubbel utgång, så avfärdar man även frälsningen, man behöver ju då inte ta någon ställning. Några bibelord som klart pekar på att det finns en dubbel utgång:

> "Och jag säger er: Många ska komma från öster och väster och ligga till bords med Abraham och Isak och Jakob i himmelriket. Men rikets barn ska kastas ut i mörkret utanför. Där ska man gråta och gnissla tänder." (Matt 8:11-12)

> "Ormar, huggormsyngel, hur ska ni kunna undgå att dömas till Gehenna?" (Matt 23:33)

> "Och dessa ska gå bort till evigt straff, men de rättfärdiga till evigt liv." (Matt 25:46)

När Bibeln talar om eldsjön så är detta det slutliga helvetet. Här kommer förutom djävulen även de som inte tagit emot Jesus och fanns skrivna i livets bok att hamna:

> "Och döden och helvetet kastades i eldsjön. Detta, det vill säga eldsjön, är den andra döden. Och om någon inte fanns skriven i livets bok kastades han i eldsjön." (Upp 20:11-15)

Ingen av oss behöver sväva i okunnighet om vår destination.

Jesus säger att om Fadern drar någon till sig och man har svarat ja på detta, så vet man sin destination. Det är Fadern som tar initiativet. Hur gör då Fadern för att dra människor till sig. Han kan göra det på olika sätt t ex att man får höra budskapet, komma i kontakt med troende personer eller på annat sätt. Om man avvisat Jesus, så är då människan utan ursäkt den dag man står framför Jesus på domens dag:

"Jesus svarade: 'Sluta klaga sinsemellan. Ingen kan komma till mig om inte Fadern som har sänt mig drar honom, och jag ska låta honom uppstå på den yttersta dagen'."
(Joh 6:43-44)

"Alla som Fadern ger mig kommer till mig, och den som kommer till mig ska jag aldrig visa bort." (Joh 6:37)

"Så älskade Gud världen att han utgav sin enfödde Son, för att var och en som tror på honom inte ska gå förlorad utan ha evigt liv. Gud har inte sänt sin Son till världen för att döma världen, utan för att världen ska bli frälst genom honom. Den som tror på honom blir inte dömd. Men den som inte tror är redan dömd, eftersom han inte tror på Guds enfödde Sons namn." (Joh 3:16-18)

Det är dock inte vår sak att avgöra människors destination, utan som väl är så är det Gud som är full av nåd och dömer rättvist.

Varifrån kommer djävulen?

Ibland kan man höra att djävulen har sitt ursprung i himlen, att han skulle ha varit en Guds ängel som fallit. Bibeltexter man då brukar hänvisa till är t ex:

"Hur har du inte fallit från himlen, du strålande stjärna, du gryningens son! Hur har du inte blivit fälld till jorden, du som slog ner folken till marken! Du sade i ditt hjärta: 'Jag ska stiga upp till himlen, jag ska resa min tron ovanför Guds stjärnor. Jag ska sätta mig på mötesberget längst upp i norr. Jag ska stiga upp över molnens höjder, jag ska bli som den Högste." (Jes 14:12-14)

"Människobarn, stäm upp en sorgesång över kungen i Tyrus och säg till honom: Så säger Herren Gud: Du var en mönsterbild av fullkomlighet, full av visdom och fullkomlig i skönhet. Du var i Eden, Guds lustgård, höljd i alla slags

69

ädelstenar: karneol, topas och kalcedon, krysolit, onyx och jaspis, safir, granat och smaragd. Med guld var dina tamburiner och flöjter utsmyckade, framställda den dag du skapades. Du var en smord, och jag hade satt dig på Guds heliga berg. Där gick du omkring bland gnistrande stenar. Du var fullkomlig på alla dina vägar från den dag då du skapades till dess att orättfärdighet blev funnen hos dig."
(Hes 28:12-15)

Problemet med att hänvisa till dessa texter är att de plockats ut ur sitt sammanhang och de beskriver inte djävulen. Den första texten handlar om kungen i Babel och den andra handlar om kungen i Tyrus.

Ett par andra bibelord kan kasta en del ljus över svaret på frågan. Det framgår bl a att djävulen har syndat och varit en mördare ända från begynnelsen, en lögnens fader. Den sortens egenskaper gör det knappast troligt att han haft en plats i himlen?:

"Ni har djävulen till far och vill följa er fars begär. Han har varit en mördare från början och har aldrig stått på sanningens sida, för det finns ingen sanning i honom. När han talar lögn talar han utifrån sig själv, för han är en lögnare och lögnens fader." (Joh 8:44)

"Den som ägnar sig åt synd är av djävulen, för djävulen har syndat ända från begynnelsen. Men Guds Son har uppenbarats för att göra slut på djävulens gärningar." (1 Joh 3:8)

Samtidigt säger Bibeln att det blev strid i himlen och Satan kastades ner därifrån, så uppenbarligen hade han lyckats ta sig dit? Dock vet vi att det finns fler än en himmel, så vilken himmel det handlar om kan vi inte veta. Enligt Paulus så finns det åtminstone tre:

"Och det blev en strid i himlen: Mikael och hans änglar gav sig i strid med draken. Och draken och hans änglar stred, men han övermannades och det fanns inte mer någon plats

70

för dem i himlen. Och han, den stora draken, ormen från urtiden, han som kallas Djävul och Satan, han som förför hela världen, han störtades ner på jorden och hans änglar störtades ner med honom." (Upp 12:7-9)

"Han sade till dem: "Jag såg Satan falla ner från himlen som en blixt." (Luk 10:18)

"Jag vet en man i Kristus som för fjorton år sedan blev uppryckt ända till tredje himlen. Om det var i kroppen eller utanför kroppen vet jag inte, Gud vet." (2 Kor 12:2)

"Men de himlar och den jord som nu finns har i kraft av samma ord blivit sparade åt eld och förvaras till den dag då de ogudaktiga skall dömas och bli fördömda." (2 Petr 3:7)

I samband med beskrivningen av skapelsen i första Moseboken, står det att Gud skapade himmel och jord. I grundtexten kan man utläsa att det handlar om himlar:

"I begynnelsen (som en början/startpunkt) [när tiden startade] skapade Gud (Elohim) himlarna och jorden [hela universum]." (1 Mos 1:1, Kärnbibeln)

"I begynnelsen skapade Gud himlarna och jorden."
(1 Mos 1:1, Helge Åkessons översättning)

"Genom Herrens (Jahves) ord blev himlarna till, och genom hans muns ande (utandning, andetag) hela dess här [skapades alla stjärnorna i skyn]." (Ps 33:6, Kärnbibeln)

"Då vi nu har en stor överstepräst, Jesus, Guds Son, som har stigit upp genom himlarna, så låt oss hålla fast vid vår bekännelse." (Hebr 4:14)

"Men Herrens dag kommer som en tjuv, och då skall himlarna försvinna under våldsamt dån och himlakroppar upplösas av hetta och jorden och de verk som är på den inte mer finnas till." (2 Petr 3:10)

71

Att det finns olika nivåer av himlar kan man bl a ana av vad Daniel skriver. Han bad till Gud om hjälp, men hjälpen dröjde i 21 dagar pga att han fördröjdes av fursten över Persien:

> "Fursten över Persiens rike stod emot mig under tjugoen dagar." (Dan 10:13)

Daniel hade här fått en syn och bad till Gud om hjälp att förstå vad synen betydde. Att det var en ängel som kom till hans hjälp blir tydligt när han dessutom säger:

> "Då sade han: "Förstår du varför jag har kommit till dig? Men jag måste strax vända tillbaka för att kämpa mot fursten över Persien, och när jag drar bort från honom kommer fursten över Grekland. Men jag vill berätta för dig vad som är skrivet i sanningens bok. Ingen enda hjälper mig mot dessa utom Mikael, er furste." (Dan 10:20-21)

Vi vet att Mikael, som han hänvisar till, var en av ärkeänglarna.

Hur ser Judarna på den sista tiden?

Inom den kristna kyrkan hämtas en stor del av kunskapen om den sista tiden från det Nya Testamentet, inte minst Uppenbarelseboken men även Jesu egen undervisning och apostlarnas brev. Även det Gamla Testamentet är också en stor källa för denna kunskap. Inom judendomen har man enbart det Gamla Testamentet "Tanakh" som utgångspunkt. Många teologer menar dock att allt som finns i Nya Testamentet även finns nedtecknad i Tanakh.

Inom judendomen har Jesus inte någon religiös funktion. Vissa judar betraktar i allmänhet Jesus som en historisk person, andra förnekar hans existens och säger att Paulus var kristendomens grundare.

Man menar att alla Jesu uttalanden i Nya Testamentet utgör för judarna redan kända grundprinciper och tillför inte något väsentligt till Tanakh.

Judarnas heliga skrift heter Tanakh "Tanach" som består av tre delar Torah, Nevarim och Ketuvim.

Torah utgörs av Moseböckerna eller Pentateuken som består av fem delar: Bereshit = i begynnelsen, Shemot = namnen, Vajikra = och Herren kallade, Bamidbar = i öknen och Devarim = ord.

Nevarim utgörs av profetböckerma. Här ingår Josua, Domarboken, första och andra Samuelsböckerna, första och andra Kungaböckerna, Jesaja, Jeremia, Hesekiel, Hosea, Joel, Amos, Obadja, Jona, Mika, Nahum, Habackuk, Sefanja, Haggai, Sakarja och Malaki.

Ketuvim är de övriga skrifterna. Här ingår de tre poetiska böckerna, Psaltaren, Ordspråksboken och Job. Vidare ingår de fem bokrullarna Höga Visan, Rut, Klagovisorna, Predikaren och Ester, samt första och andra Krönikeböckerna, Daniels bok, Esra och Nehemja.

Judarna väntar på en Messias, men avvisar bestämt att denne skulle ha varit Jesus. Istället väntar de ännu på Messias, som enligt judisk lära kommer att vara en människa. Herren är en och de avfärdar treenigheten:

"Hör, Israel! Herren vår Gud, Herren är en." (5 Mos 6:4)

Eftersom judendomen avvisar treenigheten, avvisar man naturligtvis även Jesus som Guds son.

Det finns dock idag en växande grupp judar både i Israel och andra länder som delar tron på Jesus som den judiske Messias.

Det finns flera avsnitt i Tanach som talar om att Gud skall återsamla det judiska folket från världens alla länder tillbaka till sitt land Israel. Detta kan vi se framför allt under de senaste 100 åren, och inte minst efter 1948, då landet Israel återupprättades:

"För se, dagar ska komma, säger Herren, då jag gör slut på fångenskapen för mitt folk Israel och Juda, säger Herren. Jag ska låta dem komma tillbaka till det land som jag gav deras fäder. Och de ska ta det i besittning." (Jer 30:3)

"För jag ska hämta er från folken och samla er från alla länder och föra er till ert land. Jag ska stänka rent vatten på er så att ni blir rena. Jag ska rena er från all er orenhet och från alla era avgudar. Jag ska ge er ett nytt hjärta och låta en ny ande komma in i er. Jag ska ta bort stenhjärtat ur er kropp och ge er ett hjärta av kött. Jag ska låta min Ande komma in i er och göra så att ni vandrar efter mina stadgar och håller mina lagar och följer dem. Så ska ni få bo i det land som jag gav era fäder, och ni ska vara mitt folk och jag ska vara er Gud. Jag ska frälsa er från all er orenhet. Jag ska kalla fram säden och föröka den och inte längre låta er drabbas av svält. Jag ska föröka trädens frukt och markens gröda, för att ni inte mer ska förödmjukas bland folken genom svält. Då ska ni tänka på ert onda levnadssätt och era gärningar som inte var goda, och ni ska avsky er själva på grund av era missgärningar och vidrigheter. Men ni ska veta att det inte är för er skull jag gör detta, säger Herren Gud. Ni ska skämmas och blygas för vad ni har gjort, ni av Israels hus. Så säger Herren Gud: När jag har renat er från alla era missgärningar, då ska jag låta städerna bli bebodda, och ruinerna ska byggas upp. Det ödelagda landet ska åter bli brukat i stället för att ligga som en ödemark inför alla som går förbi. Då ska man säga: Det landet som var ödelagt har nu blivit som Edens lustgård, och städerna som var öde-lagda, skövlade och förstörda är nu bebodda och befästa. Då ska folken som är kvar runt omkring er inse att jag, Herren, åter har byggt upp det som var förstört och på nytt planterat det som var ödelagt. Jag, Herren, har talat det, och jag ska göra det." (Hes 36:24-36)

Denna profetia innehåller delar som troligen innefattar en större tidsperiod. Dels står det "jag ska hämta er från folken och samla er från alla länder och föra er till ert land". Detta är nu pågående och vi ser det sedan en tid tillbaka. Vidare säger Hesekiel "ni ska skämmas och blygas för vad ni har gjort, ni av Israels hus." Detta

75

skulle kunna tolkas som judarnas reaktion när de inser att de förkastade Jesus som Messias. Avslutningen av profetian "då ska folken som är kvar runt omkring er inse att jag, Herren, åter har byggt upp det som var förstört och på nytt planterat det som var ödelagt." Folken runt Israel erkänner inte idag att Herren är judarnas Gud, vilket mycket väl kan avse tiden därefter, det som kallas "fridsriket".

I Hesekiel kap 37 finns även profetiorna om de förtorkade benen som skall få liv genom att Gud blåser in ande i dem, samt hur Gud skall göra folket till ett folk med en kung.

> "Då sade han till mig: "Profetera till Anden, ja profetera, du människobarn, och säg till Anden: Så säger Herren Gud: Kom, du Ande, från de fyra väderstrecken och blås på dessa slagna så att de får liv. Och jag profeterade som han hade befallt mig. Då kom Anden in i dem, och de fick liv och reste sig upp på sina fötter, en mycket stor skara.
> (Hes 37:9-10)

> "Säg sedan till dem: Så säger Herren Gud: Se, jag ska hämta Israels barn ut från de folk dit de kommit. Jag ska samla dem från alla håll och föra dem in i deras land. Jag ska göra dem till ett enda folk i landet, på Israels berg, och de ska alla ha en och samma kung. De ska inte mer vara två folk och inte mer vara delade i två riken. (Hes 37:21-22)

Intressant är att Hesekiel får profetera över dessa "slagna". Många judar har inte dött en naturlig död, utan har blivit dödade.

Både Hesekiel och Jeremia levde före fångenskapen i Babylonien, varför deras profetior ges en dubbel innebörd. De syftar dels fram emot att judarna åter skall få komma tillbaka till sitt land efter den babyloniska fångenskapen, vilket skedde år 539 fvt, men syftar även på att landet Israel skall återuppstå, vilket skedde år 1948, 2481 år senare.

Efter att judarna fått sitt land och återuppbyggt det kommer en tid då Israel kommer att ingå ett förbund med en härskare som utlovar fred. Dock är detta ett förräderi. Han kommer efter en tid avskaffa offren vid templet, som då har återuppbyggts, och han kommer senare att förgöras. En årsvecka tolkas som en period av sju år. Det är i slutet av denna sjuårsperiod som Messias återkommer och sätter sina fötter på Olivberget:

"Sjuttio veckor är bestämda över ditt folk och över din heliga stad för att göra slut på överträdelse, försegla synder, försona skuld, föra fram en evig rättfärdighet, fullborda syn och profetia och smörja den Allraheligaste. Det ska du veta och förstå: Från det att ordet gått ut om att Jerusalem ska återställas och byggas upp till dess att den Smorde Fursten kommer, ska det gå sju veckor och sextiotvå veckor. Gator och vallgravar ska byggas upp igen, trots svåra tider. Men efter de sextiotvå veckorna ska den Smorde förgöras, helt utblottad. Och staden och helgedomen ska förstöras av folket till en furste som kommer. Men slutet kommer som en störtflod. Ända till slutet ska det råda krig. Förödelse är fast besluten. Han ska stadfästa ett förbund med de många under en vecka, och mitt i veckan ska han avskaffa slaktoffer och matoffer. Och på styggelsers vinge ska förödaren komma, till dess att förstöring och fast beslutad straffdom utgjuts över förödaren." (Dan 9:24-27)

Ett avsnitt i Sakarja bok pekar på att judarnas Messias är samma person som Jesus, "ser upp till mig som de har genomborrat":

"På den dagen tänker jag utrota alla hednafolk som kommer mot Jerusalem. Men över Davids hus och över Jerusalems invånare ska jag utgjuta nådens och bönens Ande, så att de ser upp till mig som de har genomborrat. De ska sörja över honom som man sörjer ende sonen, och de ska gråta bittert över honom som man gråter över sin förstfödde. På den dagen ska sorgen bli stor i Jerusalem, som sorgen vid

Hadad-Rimmon i Megiddopasset. Landet ska sörja, var släkt för sig." (Sak 12:9-12)

En text i Nya testamentet där Jesus talar till sina judiska lärjungar, kan vara av intresse, även om det inte ingår i judarnas heliga skrift. Jesus/Messias skall sätta sig på sin tron, och lärjungarna kommer att sitta på 12 troner för att regera över Israels 12 stammar. Att judarna kommer att ha en särställning kan vi konstatera. Att lärjungarna skall regera kan rimligen betyda att även allt Guds folk skall inordnas. Att hednakristna skall ingå kan man bl a läsa i Jesajaboken där främlingar sluter sig till Herren:

> "De främlingar som sluter sig till Herren och vill tjäna honom och älska Herrens namn och vara hans tjänare, alla som tar vara på sabbaten och inte ohelgar den, som håller fast vid mitt förbund, dem ska jag föra till mitt heliga berg och ge dem glädje i mitt bönehus. Deras brännoffer och slaktoffer ska tas emot på mitt altare, för mitt hus ska kallas ett bönens hus för alla folk." (Jes 56:6-7)

> "Jesus sade till dem: "Jag säger er sanningen: Vid pånyttfödelsen, när Människosonen sätter sig på sin härlighets tron, då ska också ni som har följt mig sitta på tolv troner och döma Israels tolv stammar." (Matt 19:28)

> "Och jag såg troner, och de som satt på dem fick rätt att döma. Och jag såg själarna av dem som hade blivit halshuggna för Jesu vittnesbörd och Guds ord och som inte hade tillbett vilddjuret och dess bild eller tagit emot märket på sin panna eller sin hand. De levde och regerade med Kristus i tusen år." (Upp 20:4)

När Bibeln här talar om att döma så är det liktydigt med att regera. Uppenbarelseboken talar även om 24 troner. De 12 troner som inte besätts av lärjungarna, här kallade äldste, kommer med all sannolikhet att besättas av de 12 stammarna, kanske Jakobs 12 söner som var stamfäder:

"Runt omkring tronen stod tjugofyra troner, och på tronerna satt tjugofyra äldste klädda i vita kläder och med kronor av guld på huvudet." (Upp 4:4)

"Och de tjugofyra äldste som satt på sina troner inför Gud föll ner på sina ansikten och tillbad Gud." (Upp 11:16)

Inom judendomen kallas världens undergång acharei hayamim (dagarnas slut). Man lär att tumultartade händelser omkullkastar världsordningen och skapar en ny ordning där Gud blir allsmäktig.

Enligt judisk tradition kommer de som lever vid tidens ände få se:

1. Judar i exil återsamlas i det geografiska Israel.
2. Israels fiender besegras.
3. Det tredje judiska templet i Jerusalem.
4. Uppväckande av de döda (techiat hameitim), eller uppståndelsen.
5. Vid en tidpunkt kommer den judiska Messias att bli kung av Israel. Han kommer att dela upp Israel enligt de ursprungliga stamindelningarna och Gog kommer att attackera Israel. Striden kräver många dödsoffer men Gud räddar judarna. Det är detta slag som kallas Armageddon. Efteråt kommer ingen ondska att finnas kvar och människorna får direkt andlig kontakt med Gud. Den judiska Messias blir kung av Israel.

Att Israels folk skall återsamlas, gick i uppfyllelse efter den babyloniska fångenskapen på 530-talet fvt. Inte sällan har profetiorna en dubbel betydelse. Det är tydligt att det även handlar om ett senare församlande, eftersom texten säger att folket skall församlas från "alla håll" och "ur alla andra länder". Detta skedde ju inte efter den babyloniska fångenskapen eftersom man då inte kom "ur alla andra länder":

"Säg sedan till dem: Så säger Herren Gud: Se, jag ska hämta Israels barn ut från de folk dit de kommit. Jag ska

79

samla dem från alla håll och föra dem in i deras land. Jag ska göra dem till ett enda folk i landet, på Israels berg, och de ska alla ha en och samma kung. De ska inte mer vara två folk och inte mer vara delade i två riken. Och de ska inte mer orena sig med sina avgudar och vidrigheter och alla sina brott. Jag ska rädda dem från alla orter där de syndat och rena dem. De ska vara mitt folk, och jag ska vara deras Gud." (Hes 37:21-22)

"Se, dagar ska komma, säger Herren, då man inte mer ska säga: 'Så sant Herren lever, han som förde Israels barn upp ur Egyptens land', utan 'Så sant Herren lever, han som förde Israels barn ut ur landet i norr och ur alla andra länder dit han hade fördrivit dem.' För jag ska föra dem tillbaka till deras land som jag gav deras fäder'." (Jer 16:14-15)

Då Messias sätter sina fötter på Olivberget kommer det judiska folket att inse att Messias är samma person som Jesus. Efter en sorg över att ha förkastat Jesus, kommer folket med glädje ta emot honom som Messias. Man kan då tala om landsväckelse:

"Vem har hört något sådant, vem har sett något liknande? Kan ett land komma till liv på en enda dag, eller ett folk födas på ett ögonblick, eftersom Sion föder sina barn redan när värkarna börjar?" (Jes 66:8)

Messias kommer även att uppväcka judarna som är döda och finns i dödsriket:

"Du som har låtit oss se så mycket av nöd och olycka, du skall åter göra oss levande, åter föra oss upp ur jordens djup." (Ps 71:20)

Profeten Hesekiel beskriver hur de förtorkade benen åter får liv, vilket är en bild av de judar som finns i dödsriket. En intressant detalj är att Hesekiel profeterar "Så säger Herren Gud: Kom, ande, från de fyra väderstrecken! Blås på dessa 'dräpta' och ge dem liv!." En stor del av judarna har genom historien blivit dräpta:

"Herrens hand rörde vid mig, och med sin ande förde han mig bort och satte ner mig i dalen. Den var full av benknotor. Han ledde mig runt, och jag såg dem ligga överallt i dalen, helt förtorkade. Han frågade mig: "Människa, kan dessa ben få liv igen?' Jag svarade: 'Herre, min Gud, det vet bara du.' Han sade: 'Profetera och säg till dessa ben: Förtorkade ben, hör Herrens ord! Så säger Herren Gud: Jag skall fylla er med ande och ge er liv. Jag skall fästa senor på er, bädda in er i kött och dra hud över er, jag skall fylla er med ande och ge er liv. Då skall ni inse att jag är Herren.' Jag profeterade som jag hade blivit befalld. Medan jag profeterade hördes ett rasslande – det var ben som sattes till ben och fogades samman. Jag såg att de fick senor och bäddades in i kött och att hud drogs över dem. Men det fanns ingen ande i dem. Han sade till mig: 'Profetera, människa, profetera och säg till anden: Så säger Herren Gud: Kom, ande, från de fyra väderstrecken! Blås på dessa dräpta och ge dem liv!' Jag profeterade som han hade befallt mig. Då fylldes de av anden, de fick liv och reste sig upp, en väldig här." (Hes 37:1-10, Bibel 2000)

I judisk lära finns inte tanken på att komma till en himmel, utan det handlar om att Messias kommer för att bli Kung och upprättar det Messianska riket på jorden, där ingen sjukdom skall finnas, inga krig och människorna skall bli gamla, åtminstone hundra år.

Efter att Messias satt sina fötter på Olivberget och blivit kung över Israel, inträder en tid som innebär fred och Messias skall råda och skipa rätt:

"Det ska ske i den yttersta tiden att berget med Herrens hus ska stå fast grundat och vara högst bland bergen, upphöjt över höjderna. Alla hednafolk ska strömma dit, många folk ska gå i väg och säga: "Kom, låt oss gå upp till Herrens berg, till Jakobs Guds hus. Han ska lära oss sina vägar så att vi kan vandra på hans stigar." För undervisning ska gå ut från Sion, Herrens ord från Jerusalem. Han ska döma mellan hednafolken och skipa rätt för många folk. Då ska de smida sina svärd till plogbillar och sina spjut till vingårdsknivar. Folk ska inte lyfta svärd mot folk och inte mer öva för krig. Kom, ni av Jakobs släkt, låt oss vandra i Herrens ljus." (Jes 2:2-5)

"Där ska inte mer finnas spädbarn som lever bara några dagar, eller gamla män som inte uppnår sina dagars mått. Den som dör vid hundra års ålder är en ung man, och först vid hundra års ålder ska syndaren drabbas av förbannelsen." (Jes 65:20)

"Jag känner deras gärningar och deras tankar. Den tid kommer då jag ska samla alla folk och språk, och de ska komma och se min härlighet. Jag ska sätta ett tecken bland dem. Några av dem som blir räddade ska jag sända som budbärare till hednafolken, till Tarshish, till Pul och Lud, bågskyttefolken, till Tubal och Grekland, till kustländerna i fjärran som inte har hört talas om mig eller sett min härlighet. De ska förkunna min härlighet bland hednafolken. De ska som en offergåva åt Herren föra ut alla era bröder från alla hednafolk på hästar, vagnar och kärror, på mulåsnor och dromedarer upp till mitt heliga berg i Jerusalem, säger Herren, på samma sätt som Israels folk för fram offergåvor i rena kärl till Herrens hus. Och några av dem ska jag ta till mina präster, till mina leviter, säger Herren." (Jes 66:18-21)

"Det ska ske på den dagen, säger Herren, att du ska kalla mig: "Min man" och inte mer kalla mig: 'Min Baal.' Baalernas namn ska jag ta bort ur hennes mun, och man ska inte mer minnas deras namn. På den dagen ska jag sluta ett förbund för dem med djuren på marken, med fåglarna under himlen och med kräldjuren på jorden. Båge och svärd och krig ska jag bryta och ta bort ur landet och låta dem bo i trygghet. Jag ska trolova dig med mig för evigt, jag ska trolova dig med mig i rätt och rättfärdighet, i kärlek och barmhärtighet. Jag ska trolova dig med mig i trohet, och du ska känna Herren. Och det ska ske på den dagen att jag ska svara, säger Herren. Jag ska svara himlen, och den ska svara jorden, och jorden ska svara säden, vinet och oljan, och de ska svara Jisreel. Jag ska plantera henne åt mig i landet. Jag ska förbarma mig över Lo-Ruhama och säga till Lo-Ammi: "Du är mitt folk." Och de ska svara: "Du är min Gud." (Hos 2:16-23)

Ytterligare beskrivningar av denna tid finns bl a i Jesajaboken kapitlen 11 och 35 samt Mika bok kapitel 4.

Gog i landet Magog omnämns i Hesekiel kap 38 och 39 som en ond varelse, I Tanakh handlar det om områden i norr. Enligt Hesekiel är Gog en härskare från landet Magog:

"Människobarn, vänd ditt ansikte mot Gog i Magogs land, mot storfursten över Meshek och Tubal, och profetera mot honom och säg: Så säger Herren Gud: Se, jag är emot dig Gog, du storfurste över Meshek och Tubal. Jag ska föra dig omkring och sätta krokar i dina käftar. Jag ska föra dig ut med hela din här, hästar och ryttare, alla klädda i full rustning, en enorm skara, beväpnade med stora och små sköldar, och alla med svärd i hand. Perser, nubier och puteer är med dem, alla med sköld och hjälm, Gomer och alla dess härar, Togarmas folk längst upp i norr och alla dess härar – många folk har du med dig." (Hes 38:2-6)

"Jag skall sända eld över Magog och över dem som bor i trygghet i kustländerna, och de skall inse att jag är Herren." (Hes 39:6)

83

Josefus identifierade Magog för sina grekiska läsare med skyterna, norr om Svarta havet. Josefus (Josef ben Matitjahu) född i Jerusalem år 37 eller 38 evt, troligen död kort efter år 100. Han var en judisk författare och historiker.

Det fanns olika tankar om livet bland judarna under det första århundradet.

Sadducéerna, som endast erkände Toran (de första fem böckerna i Gamla Testamentet) som auktoritativa, trodde inte på ett liv efter detta eller någon uppståndelse av de döda.

Fariséerna, som inte bara accepterade Toran, utan även ytterligare skrifter, trodde på de dödas uppståndelse. Fariséerna baserade sin tro på ställen som Daniel 12:2, som säger:

> "Mängder som sover i jordens stoft kommer att vakna: vissa till evigt liv, andra till skam och evigt förakt."

Den kristna församlingen, en gren på det judiska trädet

Ersättningsteologi

Den kristna kyrkan har sitt ursprung och sina rötter i judendomen. Förutom att Jesus var jude, var de första som tog emot Jesus som Messias judar, både i Israel och runt Medelhavet.

Efter det andra judiska upproret[1] mot romarna, år 132-135, skingrades judarna över hela Romarriket och gjordes i stor utsträckning till slavar för att minimera risken för nya uppror. På 300-talet blev kristendomen statsreligion i Romarriket.

Biskopen i den ortodoxa kyrkan, Johannes Chrysostomos, rankad som en av kyrkofäderna, höll i Antiokia år 386-387 en serie av

---

[1] Första judiska upproret ägde rum år 66-70, då romarna brände ner templet i Jerusalem. En riktning inom judendomen, Seloterna, på c:a 1000 personer, drog sig till Masadaklippan i Juda öken. De försvarade sig där under tre år, och begick kollektivt självmord år 73, då den romerska armén intog klippan. Sju personer hade gömt sig, två kvinnor och fem barn, som alltså inte dog. Vad som hände med dem kan vi bara spekulera om.

åtta predikningar mot judarna. Detta ledde till att judars egendom förstördes och synagogor brändes.

På 400-talet menade biskop Augustinus att Guds löften hade övergått till den kristna kyrkan. Ledarskapet i kyrkan bestod nu av biskopar och präster som inte hade judiska rötter.

Att kyrkan övertagit judarnas plats motiverades bl a genom att peka på att Israel inte fanns kvar som land, och att judarna nu hade skingrats. Ordet Sion ersattes med Rom. Man såg GT som judarnas bok, kyrkan ägnade sig i mycket liten grad åt GT och såg NT som sin Bibel. Man menade att kristendomen var en helt ny religion, och judarna hade spelat ut sin roll som Guds folk. Klart är att det var kyrkan som var grunden till antisemitismen.

Judarna anklagades för att ha dödat Jesus, och antisemitismen fick allt större genomslag. Tanken på att Gud skulle ha ersatt judendomen med kristendomen utvecklades. Man motiverade detta bl a genom att hänvisa till Hebreerbrevet:

> "Men nu har Kristus fått ett prästämbete som är vida överlägset, eftersom han förmedlar ett bättre förbund, ett som är stadfäst med starkare löften. Om det första förbundet hade varit utan brist, skulle det inte ha funnits behov av ett annat. Men nu förebrår Gud sitt folk dess brister: Se, dagar skall komma, säger Herren, då jag skall sluta ett nytt förbund med Israels hus och Juda hus, ej såsom det förbund jag slöt med deras fäder den dag jag tog dem vid handen och förde dem ut ur Egyptens land. Ty de förblev inte i mitt förbund och jag frågade därför inte heller efter dem, säger Herren. (...) Genom att tala om ett nytt förbund har han gjort det förra föråldrat. Och det som blir gammalt och föråldrat skall snart försvinna." (Heb 8:6-9, 13)

Man menade att Israels roll som Guds folk nu hade ersatts av den kristna kyrkan, och man kallade sig för det nya Israel.

En annan ersättningsteologisk lära är den preteristiska. (sida 97) De menar att vedermödan var en gudomlig dom över judarna för deras synder, inklusive avvisning av Jesus som den utlovade Messias. Det inträffade omkring år 70 evt när det romerska väldets styrkor förstörde Jerusalem och dess tempel.

Har Gud övergivit judarna?

Bibeln är tydlig med att Gud inte har övergivit judarna, som betecknas som Hans egendomsfolk. På flera ställen använder Gud beteckningen av en familj, där Israel är sonen eller ibland som den äkta hustrun:

> "Du ska säga till farao: Så säger Herren: Israel är min förstfödde son." (2 Mos 4:22)

> "Du ska inte mer kallas 'den övergivna', ditt land ska inte mer kallas 'ödemark', utan du ska heta 'min kära' och ditt land 'den äkta hustrun', för Herren har dig kär, ditt land har fått sin äkta man." (Jes 62:4)

> "Men Sion säger: 'Herren har övergett mig, Herren har glömt mig.' Kan en mor glömma sitt lilla barn, att förbarma sig över sin livsfrukt? Och även om hon skulle glömma, så glömmer jag inte dig." (Jes 49:14-15)

Det framgår klart att judarna även efter Jesu död och uppståndelse är fortsatt Guds egendomsfolk:

> "Jag frågar nu: Har då Gud förkastat sitt folk? Verkligen inte! Jag är själv israelit, av Abrahams ätt och av Benjamins stam. Gud har inte förkastat sitt folk som han en gång har erkänt som sitt." (Rom 11:1)

> "Men även de andra kommer att ympas in ifall de inte blir kvar i sin otro, för Gud har makt att ympa in dem igen." (Rom 11:23)

Inympad i det äkta olivträdet

Bibeln använder bilden av Israel som ett olivträd. Grenarna i det äkta olivträdet är judarna, och grenarna i vildoliven är de som inte tillhör det judiska folket:

> "Men om nu några av grenarna har brutits bort, och du som är en vild olivkvist har blivit inympad bland dem och fått del av det äkta olivträdets näringsrika rot, då ska du inte förhäva dig över grenarna. Om du förhäver dig ska du veta att det inte är du som bär roten utan roten som bär dig. Nu invänder du kanske: "Grenarna bröts bort för att jag skulle ympas in." Det stämmer, de bröts bort på grund av otro, men du är kvar genom tron. Var inte högmodig, utan bäva. För om Gud inte skonade de naturliga grenarna ska han inte heller skona dig. Se här Guds godhet och stränghet: stränghet mot dem som föll, Guds godhet mot dig om du blir kvar i hans godhet. Annars blir också du bortskuren. Men även de andra kommer att ympas in ifall de inte blir kvar i sin otro, för Gud har makt att ympa in dem igen. För om du blev bortskuren från vildoliven som du av naturen tillhörde och mot naturen inympad i ett äkta olivträd, hur mycket lättare ska då inte de naturliga grenarna ympas in i sitt eget olivträd?" (Rom 11:17-24)

Jesus säger till lärjungarna att det inte enbart är det judiska folket som är Hans får, utan han har även andra får, vilket rimligtvis handlar om de som tagit emot Honom som frälsare. Dessa två hjordar skall sedan sammanföras för att bli en gemensam hjord, där Jesus/Messias är herden:

> "Jag har också andra får som inte hör till den här fållan. Också dem måste jag leda, och de kommer att lyssna till min röst. Så ska det bli en hjord och en herde." (Joh 10:16)

"Ni tillber vad ni inte känner. Vi tillber vad vi känner, eftersom frälsningen kommer från judarna." (Joh 4:22).

Här framgår tydligt att de omskurna (judar) och de oomskurna (hedningar) som tagit emot Jesus som sin frälsare skall sammanfogas och bli en enhet. Paulus använder bilden av att det skall bli en familj. Man skulle kunna säga att judarna är de äkta barnen i familjen och de hedningar som tagit emot Jesus till frälsning blir som adoptivbarn, med samma rättigheter.

"Men nu, genom Kristus Jesus, har ni som tidigare var långt borta kommit nära genom Kristi blod. Han är vår frid, han som har gjort de två till ett och rivit skiljemuren, fiendskapen. I sin kropp har han satt lagen ur kraft med dess bud och stadgar, för att i sig själv göra de båda till en enda ny människa och så skapa frid. Så skulle han försona de båda med Gud i en enda kropp genom korset, där han dödade fiendskapen. Han har kommit och förkunnat frid för er som var långt borta och frid för dem som var nära. Genom honom har vi båda i en och samme Ande tillträde till Fadern. Därför är ni inte längre gäster och främlingar, utan medborgare med de heliga och medlemmar i Guds familj."
(Ef 2:13-19)

Med denna bild som en familj kan man naturligtvis fundera över om kristendomen egentligen är en egen religion? Kristendomens ursprung är judendomen, Jesus säger "frälsningen kommer från judarna". När man tagit emot Jesus (judarnas Messias) till frälsning så blir man inlemmad i den judisk-messianska familjen. Att Jesus dog och uppstod kan ses som att Han gjorde det möjligt att även hedningar kunde bli inlemmade i familjen och bli en gren i det äkta olivträdet, och räddade för evigheten.

"Ni tillber vad ni inte känner. Vi tillber vad vi känner, eftersom frälsningen kommer från judarna." (Joh 4:22)

När Jesus framställer liknelsen då Han kallar gäster till bröllopet, ville de inbjudna inte komma, vilket syftar på judarna som är kallade men som förkastade Honom. Då gick inbjudan ut till alla andra, som alltså är hedningarna:

> "Sedan sade han till sina tjänare: Allt är färdigt för bröllopet, men de inbjudna var inte värdiga. Gå därför ut till vägskälen och bjud alla ni ser till bröllopet. Tjänarna gick då ut på vägarna och samlade alla de mötte, både onda och goda, och bröllopssalen fylldes med bordsgäster." (Matt 22:8-10)

> "Många är kallade, men få är utvalda." (Matt 22:14)

Jeremia profeterar att Herren kommer att ingå ett nytt förbund med Israel, vilket han gjorde c:a 600 år innan uppfyllelsen:

> "Se, dagar ska komma, säger Herren, då jag sluter ett nytt förbund med Israels hus." (Jer 31:31)

Då Jesus instiftar nattvarden säger Han att detta är det nya förbundet. Runt bordet sitter ingen hedning, utan enbart judar:

> "På samma sätt tog han bägaren efter måltiden och sade: 'Denna bägare är det nya förbundet genom mitt blod som blir utgjutet för er.' " (Luk 22:20)

Paulus upprepar dessa ord i 1 Kor 11:25.

Den sista måltiden, kvällen före korsfästelsen, gick Jeremias profetia om det nya förbundet med Israel i uppfyllelse.

Petrus talade på pingstdagen till judarna vid templet i Jerusalem. Han säger att det var främst för judarna som Jesus blev sänd. När Lukas i Apostlagärningarna skriver att "han har sänt honom", så avses att Gud sänt Jesus. Tjänaren som uppstod var naturligtvis Jesus:

"Det var först och främst för er som Gud lät sin tjänare uppstå, och han har sänt honom för att välsigna er genom att vända var och en bort från sina onda gärningar." (Apg 3:26)

"Jag skäms inte för evangeliet. Det är en Guds kraft till frälsning för var och en som tror, juden först men också greken." (Rom 1:16)

"Jag är inte sänd till andra än de förlorade fåren av Israels hus." (Matt 15:24)

Med greken avses hedningar, eftersom det var de som var den större kända icke-judiska gruppen vid denna tid.

Av detta kan man dra slutsatsen att det nya förbundet som slöts vid den sista måltiden, enbart var med judarna/Israel och inte med hedningarna. Detta gjorde Jesus i egenskap av att Han är judarnas Messias.

Efter detta har hedningar som tagit emot frälsningen fått möjlighet att bli inympad i det judiska olivträdet och bli en del av den judiska familjen. Hedningarna har genom judarna blivit inlemmade i Herrens förbund med Israel.

Även om de kristna är inympade i den judiska familjen, så är det med judarna som Gud slutit det nya förbundet. I ljuset av detta kan man naturligtvis ställa sig frågan om nattvarden som sakrament i den kristna kyrkan egentligen är en rätt tolkning?

"Jag frågar nu: De har väl inte snubblat för att de skulle falla? Verkligen inte! Men genom deras fall har frälsningen kommit till hedningarna, för att väcka deras avund. Och om deras fall innebar rikedom för världen och deras fåtalighet rikedom för hedningarna, hur mycket mer ska då inte deras fulla antal bli det?" (Rom 11:11-12)

Att använda begrepp som Gamla och Nya Testamentet kan bli lite förvirrande, eftersom förbundstanken överlappar. Kanske det är dags att skrota denna indelning och se Bibeln som den enhet den faktiskt är?

Det Gamla kan inte separeras från det Nya Testamentet eller omvänt.

Några olika eskatologiska begrepp

Futurism - framtidssyn

Vissa delar av den futuristiska tolkningen av Uppenbarelseboken och Daniels bok dök upp under den kristna kyrkans tidiga århundraden.

Framtidssynen lägger hela eller större delen av profetian till framtiden, strax före Jesu andra ankomst. De har sin grund särskilt i tolkningen av Daniels profetior, Jesaja 2:11-22, 1 Tess 4:15-5:11 och andra eskatologiska (läran om den yttersta tiden) avsnitt i Bibeln.

Futuristiska tolkningar förutsäger i allmänhet en uppståndelse av de döda och en hänryckning av de levande, där alla sanna kristna samlas till Kristus innan Guds rike kommer på jorden. De tror också att en vedermöda kommer att inträffa - en sjuårig period då troende kommer att uppleva världsomspännande förföljelse och martyrskap.

Futurister skiljer sig åt när troende kommer att bli uppryckta, men det finns tre primära riktningar inom futurismen: 1) före vedermödan; 2) en bit in i, kanske i mitten av vedermödan; eller 3) i slutet av vedermödan. Det finns också en fjärde syn på flera uppryckningar under vedermödan, men denna uppfattning är mindre vanlig.

Enligt den futuristiska synen är den stora vedermödan en relativt kort tidsperiod där alla kommer att uppleva svårigheter, förföljelse, katastrofer, hungersnöd, krig, smärta och lidande som kommer att påverka hela skapelsen och föregå domen.

Pretribulation

Pretribulation (pre = före, tribulation = vedermöda) tror att alla rättfärdiga kristna (avlidna och levande) kommer att tas kroppsligt upp till himlen (kallad uppryckning) innan vedermödan börjar. Enligt denna övertygelse kommer varje sann kristen som någonsin har funnits under hela den kristna eran att omedelbart förvandlas till en perfekt uppstånden kropp och kommer därmed att undkomma prövningarna under vedermödan. Uppryckandet skall ske osynligt och plötsligt, utan någon förvarning:

> "Ni vet själva mycket väl att Herrens dag kommer som en tjuv om natten." (1 Tess 5:2)

> "Men Herrens dag kommer som en tjuv." (2 Petr 3:10)

De som blir kristna efter uppryckandet kommer att leva igenom (eller avlida under) vedermödan. Efter vedermödan kommer Kristus tillbaka för att upprätta sitt tusenåriga rike. Denna lära innebär att man tror att Jesus kommer två gånger, en gång osynligt för att hämta sin församling, och en gång i slutet av vedermödan då han skall ställa sig på Olivberget.

Pretribulationister tror att de som väljer att följa Gud kommer att bli hänryckta före vedermödan och därmed undkomma den.

Ursprunget till denna lära var Margaret Mac Donalds uppenbarelse, som därefter utvecklades av John Nelson Darby, och kom att kallas darbyismen. (Se sidan 101)

Dock skriver Paulus i sitt brev till församlingen i Tessalonika, att de troende inte behöver bli överraskade:

"Men ni, bröder, lever inte i mörkret, och dagen kan inte överraska er som en tjuv." (1 Tess 5:4)

Man kan alltså veta att tiden är nära för Jesu ankomst, och vilka är de tecken som indikerar detta? Framför allt handlar det om att Israel återuppstår som eget land, en jämförelse som Bibeln gör med fikonträdet, som är en bild av Israel:

"Lär av en jämförelse med fikonträdet. Redan när kvisten blir mjuk och bladen spricker ut, vet ni att sommaren är nära. När ni ser allt detta vet ni på samma sätt att han är nära och står vid dörren." (Matt 24:32-33)

Midtribulation

Midtribulation, tror att hänryckningen och uppryckandet kommer att inträffa mitt i vedermödan, kanske halvvägs in i, men före vredestiden.

Man tror att de kristna kommer att få vara med en tid under Antikrists välde i vedermödan, kanske 3 1/2 år, men skall skonas från den sista tiden och inte vara med under vredestiden. Även detta synsätt innebär att Jesus skall komma till jorden vid två tillfällen, en gång osynligt och en gång synligt. De stöder sig bl a på att Herren måste förkorta tiden för de troende:

"Ve dem som väntar barn eller ammar i de dagarna! Be att ni inte måste fly under vintern eller på sabbaten, för då ska det bli en så stor nöd att något liknande aldrig förekommit från världens begynnelse och ända fram till nu, och inte heller ska komma. Hade inte den tiden förkortats skulle ingen människa bli frälst. Men för de utvaldas skull kommer den tiden att förkortas." (Matt 24:19-22)

Både de som hävdar ett osynligt uppryckande före eller under vedermödan menar då att människor plötsligt försvinner, och ingen vet hur eller vart. Om man då t ex sitter och kör en bil så blir den plötsligt förarlös, och många andra kaotiska situationer skulle då uppstå.

Jag har svårt finna stöd för denna tolkning av två uppryckanden i Bibeln eftersom jag menar att Bibeln är tydlig med ett synligt uppryckande.

Posttribulation

Posttribulationister tror att de troende kommer att samlas i luften av Kristus i slutet av vedermödan, för att därefter tillsammans stiga ner för att upprätta Guds rike på jorden.

I pretribulationism och midtribulationism är uppryckandet och Kristi andra ankomst separata händelser, medan i posttribulatio-nism är de två händelserna samtidiga.

Den Katolska kyrkan lär att det kommer att finnas en "sista påsk" eller sista "skärseld" före den sista andra ankomsten, där kyrkan "kommer att passera genom en sista eld som kommer att skaka mångas tro". Generellt använder varken den katolska kyrkan, de olika ortodoxa och anglikanska gemenskaperna eller de äldre protestantiska samfunden termen "bortryckning".

Enligt denna uppfattning betraktas årtusendet som den första perioden av Kristi regeringstid (manifesterad i kyrkans liv och verksamhet) som började med pingsten och kommer att leda fram till att Messias till sist återvänder, med det slutliga resultatet som en enda och permanent händelse i slutet av nuvarande tid.

Preterism

Preterism av latinets preter som betyder dåtid. Enligt det preteristiska synsättet har vedermödan redan inträffat. Detta skulle ha skett när romarna förstörde Jerusalem och dess tempel år 70 evt, och det drabbade endast det judiska folket och inte hela mänskligheten.

Kristna preterister tror att vedermödan var en gudomlig dom över judarna för deras synder, inklusive avvisning av Jesus som den utlovade Messias. Det inträffade omkring 70 evt när det romerska väldets styrkor förstörde Jerusalem och dess tempel.

Preterister menar att profetiorna i evangelierna t ex Matteus 24, Markus 13 och Lukas 21, gick i uppfyllelse år 70. Symboliken i Uppenbarelseboken tillämpas på Romarriket, snarare än på vedermödan.

Jesu varning i Matteus 24:34 att "denna generation inte skall förgå förrän allt detta är fullbordat" är knutet till hans liknande varning till de skriftlärda och fariséerna att deras dom skulle "komma över denna generation", Matt 23:36, dvs under det första århundradet snarare än vid en framtid långt efter att de skriftlärda och fariséerna hade dött. Förstörelsen år 70 evt inträffade inom en 40-årig generation från den tiden då Jesus framförde detta.

Domen över den judiska nationen och förödelsens styggelse verkställdes av de romerska legionerna.

Eftersom Matteus 24 börjar med att Jesus besökte templet i Jerusalem och uttalade att "det ska inte lämnas här sten på sten" vers 3, ser preterister ingenting i Bibeln som tyder på att ett annat judiskt tempel kommer att byggas. Profetiorna uppfylldes alla på det då existerande templet som Jesus talade om och som sedan förstördes inom den generationen.

Premillennialism

Premillennialism är tron på att Jesus fysiskt kommer att återvända till jorden före tusenårsriket, och därefter en bokstavlig tusenårig guldålder av fred. Premillennialism utgår från en bokstavlig tolkning av Uppenbarelseboken 20:1-6, som beskriver Jesu regeringstid under en period av tusen år.

> "Och jag såg en ängel komma ner från himlen med nyckeln till avgrunden och en stor kedja i handen. Och han grep draken, den gamle ormen som är Djävulen och Satan, och band honom för tusen år. Sedan kastade ängeln honom i avgrunden och stängde och förseglade den över honom, för att han inte mer skulle förleda folken förrän de tusen åren nått sitt slut. Därefter ska han släppas lös för en kort tid. Och jag såg troner, och de som satt på dem fick rätt att döma. Och jag såg själarna av dem som hade blivit halshuggna för Jesu vittnesbörd och Guds ord och som inte hade tillbett vilddjuret och dess bild eller tagit emot märket på sin panna eller sin hand. De levde och regerade med Kristus i tusen år. Men de andra döda levde inte förrän de tusen åren hade gått. Detta är den första uppståndelsen. Salig och helig är den som har del i den första uppståndelsen. Över dem har den andra döden ingen makt, utan de ska vara Guds och Kristi präster och regera med honom i tusen år." (Upp 20:1-6)

Kristi återkomst kommer att sammanfalla med en tid av stor vedermöda. Vid denna tidpunkt kommer det att ske en uppståndelse av Guds folk som har dött, och en hänryckelse av Guds folk som fortfarande lever, och de kommer att möta Kristus vid hans ankomst. Tusen år av fred kommer att följa (millenniet), under vilket Kristus kommer att regera och Satan kommer att fängslas i avgrunden.

Det finns två grenar av premillennialism:

Dispensational premillennialism säger att Israel och kyrkan är distinkta enheter. Jesus kommer att återvända för att ta upp kristna till himlen med hjälp av ett uppryckande omedelbart före en sjuårig världsomfattande vedermöda. Detta kommer att följas av en ytterligare återkomst av Kristus med hans helgon. Dispensationalism har sina rötter i 1830-talet och John Nelson Darby och Plymouthbröderna.

Historic Premillennialism förknippas vanligtvis med uppryckandet efter vedermödan och ser Israel och kyrkan som distinkta enheter.

Premillennialism innefattar både pretribulation och midtribulation.

Postmillennialism

Postmillennialism tolkar Uppenbarelseboken kapitel 20 att tusenårsriket kommer att inträffa före Jesu andra ankomst.

De räknar med att de allra flesta människor som lever kommer att räddas. Ökad framgång i evangeliet kommer gradvis att öka tro, rättfärdighet, fred och välstånd hos människor och nationer. Efter en omfattande era av sådana tillstånd kommer Jesus att återvända synligt, kroppsligt och härligt för att avsluta historien med den allmänna uppståndelsen och den slutliga domen.

Amillennialism

Amillennialister ser inte millenniet som nämns i Uppenbarelseboken som bokstavligt tusen år, utan snarare som symboliskt. De ser Kristi rike som redan närvarande i kyrkan med början på pingstdagen i Apostlagärningarna.

Amillennialister menar att milleniet redan har börjat och är identiskt med den nuvarande kyrkoåldern. Amillennialism hävdar att medan Kristi regeringstid under första årtusendet är andlig till sin natur, kommer Kristus vid slutet av församlingsåldern att återvända till slutlig dom och upprätta en permanent regeringstid i den nya himlen och den nya jorden.

Hur ser andra religiösa riktningar på den sista tiden?

Darbyismen - Plymouthbröderna

Genom kyrkans historia har teologin om den avslutande perioden av tiden varit ganska entydig, kyrkan har i stort sett menat att Herren kommer för att hämta sin församling[2] i slutet av det som Bibeln kallar vedermödan, varefter tusenårsriket inträder.

Denna bild kom att förändras när en ung kvinna vid namn Margret Mc Donald (1815-1840) våren 1830 i en profetia/syn i England uttalade att församlingen skall ryckas upp innan vedermödan. Jesus skulle komma osynligt och hämta församlingen. Församlingen skulle alltså inte vara med under vedermödan utan skulle skonas från denna. Redan tidigare hade det förekommit en del tankar i denna riktning, men det var efter Margret Mc Donalds profetia som denna tanke fick ny näring och en större spridning.

---

[2] Med församling avses inte samfund och olika kyrkliga riktningar, utan det handlar om enskilda personer som tagit emot Jesus till frälsning. Detta oavsett vilken kyrka man tillhör eller om man inte tillhör någon kyrka. De som lyssnar till Herdens röst.

Hon fanns med i kretsen runt en pastor vid namn Edward Irving (1792-1834), som anammade denna tanke.

En brittisk predikant vid namn John Nelson Darby tog till sig detta och utarbetade en teologi för att stadfästa denna lära. Denna tolkning har sedan dess fått ett starkt fäste inom stora delar av kristenheten, inte minst inom den karismatiska väckelsekristendomen, pingströrelsen, trosrörelsen m fl. Rörelsen har kommit att kallas darbyismen, även om det inte var Darby som först lanserade tanken.

John Nelson Darby (1800-1882) föddes på Irland men var verksam i England, där han blev präst inom den engelska statskyrkan. Han kom i kontakt med den nya väckelserörelsen Metodismen. År 1828 utträdde han ur statskyrkan och slog sig ihop med Benjamin Newton (1807-1899) som var ledare för Plymouthbröderna.

Från 1831 fick Darby en mer eskatologisk inriktning i sin undervisning och predikade den nya teologin om församlingens uppryckande innan vedermödan. Rörelsen hade en tydlig ersättningsteologisk inriktning. Han menade också att "bröderna" skulle inta hedersplatserna i tusenårsriket samt att sakramenten[3] är åminnelsetecken, inte nådemedel. År 1845 kom det till en brytning mellan Darby och Plymoutbröderna.

---

[3] Inom den protestantiska kyrkan finns två sakrament: dopet och nattvarden. Inom den katolska och ortodoxa kyrkan finns ytterligare fem: konfirmationen, prästvigningen, äktenskapet, bikten och de sjukas smörjelse. Olika kristna kyrkor definierar sakramenten på olika sätt och har därför olika antal sakrament, och lägger olika betydelse i detta.

The latter rain movement

Latter rain-rörelsen (senare regn, särlaregn) startade genom att det utbröt en väckelse på ett hem och skola för föräldralösa barn i Kanada år 1948. Begreppet latter rain hade visserligen myntats redan i början av 1900-talet inom pingströrelsen, men fick en ny dimension genom händelsen 1948.

Begreppet latter rain handlar om att Herren åter skall utgjuta av sin Ande som han gjorde på pingstdagen. Bilden hämtades från Israel då de har regnperiod från oktober till mars. Regnet är som intensivast i början och i slutet av regnperioden, och däremellan inte lika uttalat. Man gjorde en parallell till kyrkohistorien, med andeutgjutelse i början bl a på pingstdagen och tiden därefter, och att det i den sista tiden skall komma en ny väckelse. Begreppet hämtades från Joels profetbok:

> "Jubla, ni Sions barn, gläd er i Herren er Gud, för han ger er Läraren till rättfärdighet. Han ska sända er rikligt med regn, både höstregn och vårregn som tidigare." (Joel 2:23)

Läser man hela Joels bok så kan man konstatera att den inte handlar om evangelisation och väckelse i allmänhet, utan är en profetia riktad till det judiska folket. Man hade en förkunnelse om att andeutgjutelsen skulle bli så stark att de heliga skulle bli så gott som fullkomliga, att bli så lika Gud att man kunde utöva Hans makt här i tiden. Man talade om "Gudslikhet".

Med andlig auktoritet skulle man upprätta andligt herravälde så att man kunde befria t ex städer och områden från onda makter.

Det var en teologi byggd på auktoritet för att erhålla god hälsa, ekonomi, arbete, framgång mm. Tanken var att man skulle etablera Guds rike så långt som möjligt redan här i tiden, för att förbereda Jesu ankomst, som sedan skulle komma och sätta sig på tronen. Detta kom att kallas för "upprättelsens teologi".

Man hade en optimistisk eskatologi innebärande en förväntan på en världsvid väckelse före Jesu Kristi återkomst.

Enligt Bibeln är det inte de troende som skall göra några förberedelser av detta slag:

> "På den dagen ska jag resa upp Davids fallna hydda, mura igen dess sprickor och resa upp dess ruiner. Jag ska bygga upp den som i forna dagar." (Amos 9:11)

Herren talar i jag-form, det är Han som skall stå för bygget. Tidsangivelsen finns också när det står "på den dagen", som ju är detsamma som vid tidens avslutning.

Som vi ser i följande citat så är tanken att människan skall etablera Guds rike på jorden inte biblisk:

> "Men det säger jag, bröder: kött och blod kan inte ärva Guds rike, och det förgängliga kan inte ärva det oförgängliga." (1 Kor 15:50)

En förgrundsperson i denna rörelse var den amerikanske predikanten Don Wilson Basham (1926-1989). Efter det mirakulösa helandet av en nära vän upplevde Basham och hans fru Alice ett andligt uppvaknande som fick honom att 1951 gå in i en kristen tjänst. Han blev predikant 1955. Efter en femårig pastorstjänst i förorten Washington DC, blev han pastor i Hillcrest Christian Church i Toronto, Ontario, Kanada och blev senare pastor i East Side Church i Sharon, Pennsylvania.

Efter publiceringen av sin första bok lämnade Basham pastoratet 1967 för att påbörja ett frilansande författarskap och resetjänst. Han reste mycket i USA och utomlands och undervisade i ämnen som den Helige Ande, befrielse, andlig auktoritet och tro.

Bashams befrielsetjänst resulterade i en del ryktbarhet. På 1970-talet hade Basham och Derek Prince undervisning om befrielse och utövande av offentlig exorcism en betydande inverkan på den karismatiska rörelsen.

En annan förgrundsperson i rörelsen var en pastor vid namn William Branham (1909-1965). Redan i barndomen hävdade Branham att han gjort övernaturliga erfarenheter, t ex att Gud talat till honom med hörbar röst när han var sju år gammal. Guds budskap till honom var att avstå från alkohol, tobak och annat som kunde förstöra hans kropp, därför att Gud hade en uppgift för honom att utföra när han blev äldre. Han menade t ex att han hade en egen ängel som guidade honom, och Branham jämställde till stora delar sin egen undervisning med Bibeln. Han blev en ledande helande- och väckelsepredikant.

Branham lärde också att Eva hade haft sex med ormen i paradiset och att det fanns en speciell grupp människor som var "ormens avkomma", som alla var förutbestämda till helvetet, om än inte för evigt. Guds avkomma var de som tog till sig Branhams undervisning och de skulle bli Kristi brud. Andra kunde komma att bli frälsta, men de måste då lämna de samfundsbundna kyrkorna. Samfund såg Branham som vilddjurets märke.

Idag används knappast begreppet "sista regn, särlaregn", men delar av teologin fortsätter att utöva inflytande, inte minst inom de karismatiska rörelserna.

Katolska kyrkan

Inom katolska kyrkan finns det både enhet i synen på en del frågor, men det finns även något olika syn i vissa delar, i förhållande till den protestantiska kyrkan.

Den katolska kyrkans (även den ortodoxa kyrkans) syn på nattvarden är att brödet och vinet omvandlas till Kristi kropp och blod efter att prästen har läst instiftelseorden. Brödet och vinet upphör därmed att vara bröd och vin.

Uppenbarelseboken 7:14 "den stora vedermödan" används för att indikera den tid Jesus talar om i Matteus 24:21, 29. Han använder vedermödan i ett sammanhang som betecknar lidanden för dem som är hårt pressade av belägring och krigets katastrofer.

Den stora vedermödan

Katolska kyrkan menar att det blir en stor vedermöda som kommer innebära stora personliga svårigheter t ex kidnappningar, sorg, övergrepp, ekonomiska svårigheter, konkurser, arbetslöshet och laglöshet. De menar att det blir en definierad tidsperiod om sju år.

Uppryckandet

"Herren själv kommer att stiga ner från himlen med ett rop, med ärkeängelns röst och med Guds basun, och de döda i Kristus ska uppstå först. Då kommer de av oss som lever, de som är kvar, att ryckas upp tillsammans med dem i molnen för att möta Herren i luften." (https://alsina-sa.com)

Tidens ände

Enligt katolsk eskatologi, blir det en slutlig dom. Efter Jesu Kristi andra ankomst och kroppens uppståndelse kommer hela mänskligheten att dömas efter sina gärningar.

Vad händer vid döden?

Den andliga själen kommer inte från föräldrarna, utan skapas direkt av Gud och är odödlig. Då den skiljs från kroppen i dödsögonblicket går den inte under, den kommer åter att förena sig med kroppen vid den slutliga uppståndelsen.

Begreppet kött beskriver människan i hennes svaghet och dödlighet. "Köttet är frälsningens gångjärn":

"Ja, vi tror på Gud, Skaparen av köttet; vi tror på Ordet som blev kött för att återlösa köttet; vi tror på köttets uppståndelse, fulländningen av skapelsen och återlösningen av köttet." (Tertullianus)

Det betyder att människans slutliga tillstånd inte bara skall vara den andliga själen, skild från kroppen, utan också att våra dödliga kroppar en dag skall återfå livet.

Med döden, som ju innebär att kroppen skiljs från själen, upplöses kroppen, medan själen, som är odödlig, går Guds dom till mötes och väntar på att återförenas med kroppen, då den vid Herrens återkomst skall uppstå i förvandlat skick. Man säger: "att förstå hur uppståndelsen skall ske överstiger vår föreställningsförmåga och vårt förnuft."

Det eviga livet börjar omedelbart efter döden. Det skall aldrig ta slut. För var och en skall det föregås av en särskild dom som utförs av Kristus, domare över levande och döda, och skall bekräftas av den slutliga domen.

Vad innebär den särskilda domen?

Den särskilda domen är den omedelbara vedergällning som alla vid sin död får ta emot av Gud i sin odödliga själ och som hänger samman med vederbörandes tro och gärningar. Denna vedergällning består i att man får gå in i himlens salighet, omedelbart eller efter lämplig rening, eller i att man drabbas av evig fördömelse i helvetet.

Den yttersta (universella) domen kommer att innebära den dom till ett saligt liv eller evig fördömelse som Herren Jesus vid sin återkomst skall fälla. Domare över levande och döda, rättfärdiga och orättfärdiga som alla församlats inför honom:

> "Och jag har samma hopp till Gud som de, att både rättfärdiga och orättfärdiga ska uppstå en gång." (Apg 24:15)

Till följd av denna slutliga dom skall den uppståndna kroppen få del av den vedergällning som själen redan har fått erfara i den särskilda domen.

Denna dom skall inträffa vid världens slut. Endast Gud känner till dagen och timmen för detta slut.

Efter den yttersta domen skall hela världsalltet, befriat från träldomen under förgängelsen, få del av Kristi härlighet vid begynnelsen av "nya himlar och en ny jord":

> "Men efter hans löfte ser vi fram emot nya himlar och en ny jord där rättfärdighet bor." (2 Pet 3:13)

Så skall Guds rike nå sin fulländning eller Guds frälsande rådslut att "sammanfatta allting i Kristus, allt i himlen och allt på jorden". Gud skall då bli "allt, överallt" i det eviga livet:

> "den plan som skulle genomföras när tiden var inne: att sammanfatta allt i himlen och på jorden i Kristus." (Ef 1:10)

> "Och när allt blivit lagt under honom, då ska Sonen själv underordna sig den som har lagt allt under honom, så att Gud blir allt i alla." (1 Kor 15:28)

Skärselden

Skärselden är det tillstånd i vilket de personer befinner sig som dör i vänskap med Gud, men även om de är säkra på sin eviga frälsning, ännu har behov av rening för att komma in i den himmelska saligheten.

I kraft av de heligas gemenskap kan de troende som ännu är pilgrimer på jorden hjälpa själarna i skärselden genom att bära fram förböner för dem, framför allt mässoffret, men också allmosor, avlat och botgöring.

Jungfru Maria har en särställning inom katolska kyrkan. De lär att hon var ständig jungfru (Semper virgo). Maria fick aldrig några barn med Josef, och hon var syndfri från konceptionen. Avelsen var obefläckad (Immaculata Conceptio).

I både romersk och ortodox kyrkotradition finns läran om att Maria efter sin död fördes upp till himmelen, på samma sätt som Henok fördes bort av Gud.

"Sedan Henok så hade vandrat med Gud fann man honom inte mer, för Gud hade hämtat honom." (1 Mos 5:24)

Text från katekesen:

Kristi ankomst i härlighet, Israels hopp

Från och med himmelsfärden är Kristi ankomst i härlighet omedelbart förestående även om det inte är vår sak "att veta vilka tider och stunder Fadern i sin makt har fastställt" Denna eskatologiska händelse kan äga rum när som helst. Ändå "skjuts den upp" – både händelsen själv och den slutliga prövningen som skall komma före den. (Artikel 673)

Messias ankomst i härlighet är i varje ögonblick av historien beroende av att "hela Israel" kommer till tro på honom. Av dessa är "en del förstockade" och "tror inte" på Jesus. Apostlagärningarna uttrycker detta på följande sätt till judarna i Jerusalem efter pingst: (Artikel 674)

"Ångra er därför och vänd om, så att era synder blir utplånade. Då skall den tid komma från Herren, då vi får vila ut, och han skall sända er den Messias, som han har bestämt, Jesus, fast himlen måste behålla honom till den dag då allt blir upprättat som Gud har förkunnat genom sina heliga profeter från tidens början." (Apg 3:19-21)

Och Paulus instämmer:

"ty om detta att de försköts gav världen försoning, vad skall då deras upptagande ge, om inte liv för de döda? Då judarna 'i sin fulla styrka' antar den messianska frälsningen, efter hedningarna i fullt antal, kommer Guds folk att nå en 'mognad som svarar mot Kristi fullhet' i vilken Gud blir 'allt, överallt'." (1 Kor 15:28)

Kyrkans sista prövning

Före Kristi ankomst måste kyrkan gå igenom en sista prövning som skall få mångas tro att vackla. Förföljelsen som ledsagar hennes pilgrimsfärd på jorden kommer att avslöja "det ondas mysterium" i form av en religiös villfarelse som erbjuder människorna en skenbar lösning på deras problem till priset av avfall från sanningen. Den värsta religiösa irrläran är den som kommer från Antikrist, det vill säga från en falsk messianism där människan förhärligar sig själv i stället för Gud och hans Messias som kommit i människogestalt. (Artikel 675)

Denna Antikristna villfarelse avtecknar sig redan i världen varje gång som man hävdar att det messianska hoppet går i uppfyllelse i historien. Ty detta hopp kan inte bli verklighet förrän efter historiens slut genom den eskatologiska domen. Kyrkan har förkastat denna förfalskning av det kommande Gudsriket – även i dess mera måttfulla gestalt – som uppträder under beteckningen "millennarism", framför allt då den antar den politiska formen av en sekulariserad messianism, som är "perverterad till sitt väsen". (Artikel 676)

Kyrkan kommer först att gå in i Guds rikes härlighet genom denna sista påsk, då hon följer sin Herre i hans död och hans uppståndelse. Guds rike skall alltså inte komma i sin fulla verklighet genom en historisk triumf för kyrkan till följd av att utvecklingen ständigt går framåt utan genom att ondskans makt en sista gång släpps loss men blir besegrad av Gud. Då blir kyrkan i full mening Herrens brud som kommer ner ur himlen redo för sin man. I form av en yttersta dom triumferar Gud över det onda sedan den förgängliga världen genomgått en sista kosmisk kris. (Artikel 677)

Döma levande och döda

I profeternas och Johannes Döparens efterföljd talade Jesus i sin förkunnelse om domen på den sista dagen. Då skall varje människas gärningar och hjärtats hemligheter komma i dagen. Då skall den otro, som ådragit sig skuld och ringaktat Guds nåd, bli fördömd. Inställningen till nästan skall uppenbara om man har tagit emot eller sagt nej till nåden och Guds kärlek. Jesus kommer att säga på den sista dagen: (Artikel 678)

"Sannerligen, vad ni har gjort för en av dessa minsta som är mina bröder, det har ni gjort för mig." (Matt 25:40)

Kristus är det eviga livets Herre. Den fulla rätten att slutgiltigt fälla domen över människornas gärningar och hjärtan tillkommer honom som världens Frälsare. Han har "förvärvat" denna rätt genom sitt kors. Så har Fadern "helt överlåtit domen åt Sonen". Men Sonen har inte kommit för att döma, utan för att frälsa och ge liv åt den som är i honom. Det är genom att vägra att ta emot nåden i detta liv som man redan dömer sig själv, får vedergällning efter sina gärningar och rent av kan låta fördömelsen drabba sig själv för evigt genom att vägra att ta emot kärlekens Ande. (Artikel 679)

Ortodoxa kyrkan

Eskatologin kan uppfattas som både personlig och kosmisk. Personlig i den mening att varje människa har sitt slut, och kosmisk att världens omfattning kommer närma sig ett slut. Den "traditionella" eskatologin delas in i två delar: Den "individuella eskatologin" som innefattar de slutliga tingen för människan såsom döden, himmelen och helvetet. Sedan finns den "kollektiva eskatologin". Här ingår världens slutliga tid dvs Kristi andra återkomst, de dödas uppståndelse och den generella domen och universums förnyelse.

Kristus liv var eskatologisk i den meningen att Han steg ner och tog på sig den andra Adam (blev människa) och med sin uppståndelse visade Han en försmak på vad som skulle komma i den sista tiden. I sitt första brev till korintierna sammanfattar aposteln Paulus följande:

> "Liksom alla dör i Adam, så ska också alla göras levande i Kristus. Men var och en i sin ordning: Kristus som förstlingen och därefter, när han kommer, de som tillhör honom. Sedan kommer slutet, när han överlämnar riket åt

Gud Fadern sedan han gjort slut på varje välde, varje makt och kraft." (1 Kor 15:22-24)

Tidigt sågs liturgin, (gudstjänstordningen) eller närmare bestämt eukaristin, (nattvarden) som något Kristus själv instiftat, som ett tecken på det nya förbundet med Honom. Den kristna liturgin är en förberedelse eller en försmak av festmåltiden i det kommande riket. Ordet "liturgi" vittnar om att folket blir delaktiga i det gudomliga. Liturgin var redan från början en kollektiv handling. Liturgin beskrivs som en högtidlig proklamation av Herrens död och en sammanfattning av historien men också som en övergång till det kommande livet.

Eskatologin berikas av det liturgiska deltagandet vilket föder ett hopp. Ett hopp som pekar mot Kristi uppståndelse och även i kyrkofädernas erfarenheter och uppfattningar. Eukaristin blir därför betydande i vår förståelse och en försmak av det kommande livet. Liturgin har medfört viktiga aspekter inom den kristna traditionen. Redan från eukaristins begynnelse så hade den en eskatologisk dimension och de tidiga kristna blickade framåt till det kommande riket när de firade eukaristin tillsammans.

Lite är definierat gällande eskatologin, förutom en passage från trosbekännelsen. Detta kan vi till exempel återfinna i en utav kyrkans tidigaste skrifter, i de 12 apostlarnas lära, Didache nionde kapitlet, vers 4:

> "As this fragment [of bread] was scattered over the mountains and has been gathered together into one, so let your Church be gathered from the ends of the world into your Kingdom; for yours is the glory and the power through Jesus Christ to the ages." (Walls 2008:404).

Den ortodoxa kyrkan har bevarat eskatologin i dess liturgi. Inledningsbönerna, processionerna och det stora och lilla intåget är en proklamation av det rike som kommer. Herrens bön "låt Ditt rike komma" eller de avslutande orden efter kommunionen[4] "liksom rövaren på korset, bekänner jag till dig: kom ihåg mig, Herre, i ditt rike". Dessa återkommande och repetitiva ord är en förståelse och tydlig markör av det eskatologiska bevarandet i eukaristin. Den ortodoxa kyrkan har sin förhoppning om det kommande riket och Kristi andra återkomst i ära, såsom trosbekännelsen bekänner det men även allt annat som ingår i det. Den slutliga domen, de avlidnas uppståndelse och kosmosförvandling. Eukaristin blir därför universell i bemärkelsen att den ger en försmak av den kommande festmåltiden.

Jungfru Maria, Gudsföderskan, har en viktig roll i eskatologin. Hennes avsomnande och uppstigande har lämnat efter sig en förväntan på de dödas uppståndelse, och som hymnen säger:

> "in falling asleep you did not abandon the world; [...] You passed over to life, for you are the Mother of Life."

Vid Kristi andra återkomst och dom, så kommer Gudsföderskan visa sig med hennes Son, inte en som ska bli dömd, utan be för syndare.

Den östliga ortodoxa kyrkan tror inte på skärselden som sådan, även om den lär om en period av fortsatt helgelse (processen att göras ren eller helig) efter döden, innan den slutliga domen. Medan den östliga ortodoxa kyrkan förkastar begreppet skärselden, erkänner den ett mellantillstånd efter döden och före den slutliga domen, och ber för de döda.

Den ortodoxa kyrkans, och även den katolska kyrkans, teologi gällande tidens avslut skiljer sig alltså ganska avsevärt från den protestantiska kyrkans teologi.

---

4 Kommunion (latin: communio, gemenskap, delaktighet) är namnet på nattvardsgången, eftersom den, enligt kyrkans lära, gör nattvardsgästen (kommunikanten) delaktig av Kristi lekamen och blod.

Jehovas Vittnen

Rörelsen grundades på 1870-talet av amerikanen Charles Russel (1852-1916). Anhängarna kallades därför i början för russelianare. Russel försökte utifrån Bibeln förutsäga Jesus återkomst till jorden. Detta gjorde han bl a genom att säga att Herrens återkomst skulle ske år 1874, och att de Heliga avsomnade skulle återuppstå år 1878. Senare ändrade man tidpunkten till att Jesus skulle komma osynligt till jorden år 1914, och inrätta fridsriket, som därmed var slutet på hedningarnas tidsålder. Vredens dag skulle sluta 1915 och vedermödan skulle vara till år 1918, vilket man även hävdar idag.

Jehovas vittnen använder den vanliga Bibeln, men de har också en egen bibelöversättning, "Nya Världens översättning", som de till del ser som viktigare än Bibeln. Russel skrev i Vakttornet (Jehovas Vittnens tidskrift):

> "Folk kan inte se den gudomliga planen genom att de studerar själv Bibeln. Om någon lägger 'Studier i Skriften' åt sidan, ja till och med om han gör det efter att känna den väl

efter tio års läsning, och håller sig enbart till Bibeln, kommer han efter två år ha hamnat i mörker. Å andra sidan, om han läser bara 'Studier i Skriften' och inte en enda sida i Bibeln kommer han att förbli i ljuset." (Vakttornet 1910)

Jehovas vittnen tror på en monoteistisk Gud, inte på en treenig. De ber därför inte till Jesus eller tror att han är samma som Fadern, utan ber endast och direkt till Fadern. Treenighetsläran sägs vara ett verk av Satan. Jehovas vittnens kyrka kallas Rikets sal.

Bakgrund till de sista dagarna

De "sju tiderna" som nämns i Daniels bok tolkas som en period på 2520 år med början från 607 fvt, benämnd "hedningarnas tider". De hamnar då på år 1913:

"I den syn som jag hade på min bädd såg jag hur en helig väktare steg ner från himlen. Han ropade med hög röst och sade: 'Hugg ner trädet och kapa grenarna, riv bort lövverket och strö ut frukten, så att djuren under trädet flyr sin väg och fåglarna flyger bort från grenarna. Men stubben med rötterna ska lämnas kvar i jorden bland markens gräs, bunden med kedjor av järn och koppar. Den ska fuktas av himlens dagg och ha sin lott med djuren bland markens örter. Hans hjärta ska förvandlas från ett mänskligt hjärta så att han i stället får ett djurs hjärta, och sju tider ska gå fram över honom. Så är det bestämt genom väktarna, och så är det befallt av de heliga, för att de levande ska veta att den Högste råder över människors riken. Han ger dem åt vem han vill och upphöjer den ringaste bland människor till att härska över dem.' Det var drömmen som jag, kung Nebukadnessar, hade. Nu får du, Belteshassar, tyda den, för ingen av alla de vise i mitt rike kan ge mig tydningen. Men du kan det, för heliga gudars ande bor i dig.' Då stod Daniel, som också kallades Belteshassar, en stund bestört, fylld av oroliga tankar. Men kungen tog till orda igen och sade: 'Belteshassar, låt inte drömmen och dess betydelse skrämma dig.' Belteshassar sade: 'Min herre, o att drömmen hade gällt dina fiender och dess betydelse dina motståndare! Trädet som du såg, som var stort och väldigt och så högt att det nådde till himlen och syntes över hela jorden med så vackert lövverk och så mycket frukt att det hade föda åt alla, trädet som markens djur bodde under och på vars grenar himlens fåglar hade sina nästen, det är du själv, o konung. Du har blivit stor och väldig, din storhet har vuxit och når upp till himlen och ditt välde sträcker sig till jordens ände'." (Dan 4:10-19)

Trots att historiker menar att Jerusalem förstördes år 586 fvt så lär Jehovas vittnen ut att Jerusalems tempel förstördes år 607 fvt. Denna kronologiska uppfattning grundas på tron att det skiljde 70 år mellan förstörelsen av Jerusalem och återkomsten från fångenskapen i Babylon år 537 fvt. Jehovas vittnena menar att detta baseras på det historiskt vedertagna datumet för inledningen av Kyros II:s[5] härskarperiod. De resonerar som så att bibelboken Esra slår fast att Kyros, någon gång under sitt första år som härskare, utfärdade ett dekret som lät alla judar återvända till Jerusalem för att återuppbygga templet. När man tar i åtanke tiden det rimligtvis skulle ta för judarna att göra detta, samt Bibelns profetia om att judarna skulle vara i exil under 70 år, så kommer vittnena fram till att år 537 fvt var det år då det första offret gavs vid det nya altaret i Jerusalem efter Kyros dekret, 70 år efter det att judarnas exil påbörjades år 607 fvt.

---

[5] Kyros II, kallad den store, född 576 alternativt 590 fvt i Anshan i södra Iran, död i juli 530 fvt. Han var den förste av de persiska storkungarna och grundare av Persiska riket. Som ledare för perserna i Anshan besegrade han mederna och enade de två skilda iranska folkgrupperna och härskade mellan åren 559 och 530 över det största imperiet som världen dittills hade skådat.

De hävdar när "hedningarnas tider" avslutades 1914, så påbörjades Jesus osynliga trontillträde som kung i himlen, följt av nedkastandet av Satan och hans änglar från himlen till jorden och därmed krig och elände i högre grad än någonsin förut på jorden. Under den tidsperioden ägde en undersökning - av alla religioner som påstår sig vara kristna - rum, av Jesus.

År 1918 återuppväckte, enligt Jehovas Vittnen, Jesus de av de 144000 "den trogne och omdömesgille slaven", som redan hade dött, till ett liv i himlen. Sedan år 1918 återuppväcks alla av de 144000 direkt efter sin död. År 1919 pekades Jehovas vittnen av Herren ut som den enda kristna organisationen.

Jehovas Vittnen lär ut att alla platser i himlen nu alltså är upptagna, men att vittnena får leva ett evigt liv i ett jordiskt paradis.

De sista dagarna

De "sista dagarna" inleddes 1914 och kommer att avslutas under Harmageddon, enligt Jehovas Vittnen. De menar att ett av odjuren som nämns i Uppenbarelseboken är FN. Odjuret beskrivs som det som attackerar och förstör "skökan", "det stora Babylon", som representerar falsk religion i allmänhet. De tror att detta utgör begynnelsen på "den stora vedergällningen" som beskrivs av Jesus i Matteusevangeliet:

> "Ve dem som väntar barn eller ammar i de dagarna! Be att ni inte måste fly under vintern eller på sabbaten, för då ska det bli en så stor nöd att något liknande aldrig förekommit från världens begynnelse och ända fram till nu, och inte heller ska komma." (Matt 24:19-21)

Detta kommer att sluta vid Harmageddon då Satan attackerar Guds sanna tillbedjare. Alla regeringar kommer att förstöras, de som står under Satans kontroll och därmed i opposition till Guds kungarike och Jesus. Scener från Hesekiels profetia om "Gog av Magog" handlar om de som vill utplåna Guds folk.

De 144000 kallade och utvalda

Gud har bestämt att ett begränsat antal trogna kristna ska få himmelskt liv efter sin död. Men de som han väljer ut måste fortsätta att hålla sin kristna tro stark och leva ett rent liv för att inte förlora sitt himmelska hopp.

Vad ska de göra i himlen?

De ska tillsammans med Jesus vara kungar och präster i tusen år. De kommer att utgöra de "nya himlar", eller den himmelska regering, som ska styra över "en ny jord", eller ett nytt jordiskt samhälle. De här himmelska regenterna kommer att se till att mänskligheten uppnår det fullkomliga tillstånd som Gud skapade de första människorna till.

Hur många kommer få ett himmelskt liv?

Bibeln visar att det är 144000 som blir uppväckta till liv i himlen. Det beskrivs att aposteln Johannes såg en syn där "Lammet stod på Sions berg tillsammans med 144000":

> "Och jag hörde antalet av dem som hade fått sigillet, etthundrafyrtiofyra tusen från Israels alla stammar" (Upp 7:4)

> "Och jag såg, och se: Lammet stod på Sions berg, och med honom etthundrafyrtiofyra tusen som hade hans namn och hans Fars namn skrivet på sina pannor. Och jag hörde en röst från himlen, som bruset av väldiga vatten och dånet av kraftig åska. Rösten jag hörde var som när harpspelare spelar på sina harpor. De sjöng en ny sång inför tronen och

inför de fyra varelserna och de äldste, och ingen kunde lära sig den sången utom dessa etthundrafyrtiofyra tusen som är friköpta från jorden." (Upp 7:14:1-3)

Lammet är en bild av Jesus efter att han blivit uppväckt. Sions berg är en bild av den höga ställning som Jesus och de 144000 medregenterna har i himlen.

De kallade och utvalda som ska styra med Jesus i himlen kallar han för "du lilla hjord". Detta är en relativt liten grupp i jämförelse med alla andra får som Jesus har:

> "Jag har också andra får som inte hör till den här fållan. Också dem måste jag leda, och de kommer att lyssna till min röst. Så ska det bli en hjord och en herde."
> (Joh 10:16)

Mormonerna

Mormonerna eller Jesu Kristi kyrka av sista dagars Heliga. Grundaren till mormonerna var Joseph Smith (1805-1844). Redan 1820, vid 14 års ålder, mötte han Gud och Jesus i sin första uppenbarelse. I sin andra uppenbarelse, tre år senare, fick Smith möta ängeln Moroni som visade honom några guldplåtar som innehöll berättelsen om Amerikas forna invånare och deras ursprung. Mormons bok berättar att år 600 blev den palestinske profeten Lehi utvald av Gud att föra en grupp av människor till Amerika. Här står också att läsa att Lehis båda söner gav upphov till de vita och röda och att de fick besök av Jesus strax efter uppståndelsen. Jesus undervisade dem om Gud.

Mormonerna förkastar treenigheten. Joseph Smith förkunnade i stället att Gud, Jesus och den heliga Anden är tre särskilda personer och tre gudar, men att de är ett i ord och handling. Dopet är porten till frälsningen.

I enlighet med en uppenbarelse som gavs till Joseph Smith instiftades månggifte i början av 1840-talet, äktenskap mellan en man och två eller flera kvinnor. I mer än ett halvt sekel därefter utövades månggifte. Mormonerna tillämpar dop för de döda:

> "Vad uppnår annars de som döper sig för de döda? Om döda alls inte uppstår, varför döper de sig då för deras skull?" (1 Kor 15:29)

Förutom detta bibelcitat, kommer läran om uppenbarelse genom Joseph Smith. Som ställföreträdare för en avliden person, ofta en av personens egna förfäder, kan en medlem i kyrkan döpas i den personens ställe. Enligt mormonernas tro har en avliden person kvar rätten att fatta beslut i nästa liv. Om de väljer att ta emot dopförrättningen öppnar det upp vägen till fortsatt utveckling. Dop för de döda utförs endast i templet i Utah, USA.

Detta innebär att mormonerna har gjort ett omfattande släkt-forskningsarbete i samverkan med Riksarkivet, familysearch.org.

Mormonerna har alltså förutom Bibeln även en egen skrift, "Mormons bok".

Mormonernas huvudcenter ligger i Utah, USA och kallas templet.

Detta är vad kyrkan skriver på sin egen hemsida inklusive deras egna citat från Bibeln och Mormons bok:

Sista dagarna - sista tiden

> Den tid vi nu lever i. De dagar (eller den tidsutdelning) som föregår Herrens andra ankomst. Jag ska tala om för er vad som ska hända er i kommande dagar. Smith började över-sätta plåtarna till engelska med hjälp av gudomlig vägled-ning. Mormons bok var färdig 1830:

> "Och Jakob kallade sina söner till sig och sade: "Kom hit till mig, så ska jag tala om vad som ska hända er i kommande dagar." (1 Mos 49:1)

Förlossaren ska till slut stå fram över stoftet:

"Men jag vet att min återlösare lever, att han till sist ska träda fram över stoftet." (Job 19:25)

I den yttersta tiden ska Herrens hus stå fast grundat:

"Hör, ni himlar! Lyssna, du jord, för Herren talar! Barn har jag fött upp och fostrat, men de har gjort uppror mot mig."
(Jes 2:2)

I de sista dagarna blir det svåra tider:

"Du ska veta att i de sista dagarna blir det svåra tider. Människorna kommer att vara egenkära, pengakära, skrytsamma, stolta, hånfulla, olydiga mot sina föräldrar, otacksamma, gudlösa, kärlekslösa, oförsonliga, skvallriga, obehärskade, råa, fientliga mot det goda, falska, hänsyns-lösa och högmodiga. De kommer att älska njutning mer än Gud och ha ett sken av gudsfruktan men förneka dess kraft. Håll dig borta från dem! Bland dem finns sådana som smyger sig in i hemmen och snärjer svaga kvinnor som är tyngda av synder och drivs av många slags begär och som ständigt blir undervisade men aldrig lyckas komma till insikt om sanningen." (2 Tim 3:1-7)

I de sista dagarna kommer hånfulla människor som förnekar Kristi andra ankomst:

"Framför allt ska ni veta att det i de sista dagarna kommer hånfulla människor som drivs av sina begär och som hånar er och säger: 'Hur går det med löftet om hans återkomst? Sedan fäderna dog har ju allt fortsatt precis som det varit sedan skapelsens början.' De bortser medvetet från att det för länge sedan fanns himlar och en jord som uppstod ur vatten och genom vatten i kraft av Guds ord. Genom vatten och Guds ord dränktes den dåtida världen och gick under. Men de himlar och den jord som nu finns har genom samma ord sparats åt eld och bevaras fram till den dag då de gudlösa människorna ska dömas och gå under." (2 Petr 3:3-7)

"Jag profeterar för er om de sista dagarna. Så ska min kyrka i de sista dagarna, ja, Jesu Kristi Kyrka av Sista Dagars Heliga." (Mormonernas hemsida 2 Ne.26:14-30, L&F 115:4)

Kristus ska komma i de sista dagarna.

Händelser eller upplevelser som Gud ger människor för att visa att något viktigt i hans verk har hänt eller snart ska hända. I de sista dagarna har det profeterats om många tecken inför Frälsarens andra ankomst. Dessa tecken låter trofasta människor känna igen Guds plan, ta varning och förbereda sig.

Det berg där Herrens hus är ska stå fast grundat och vara högst bland bergen:

"Det ska ske i den yttersta tiden att berget med Herrens hus ska stå fast grundat och vara högst bland bergen, upphöjt över höjderna. Alla hednafolk ska strömma dit, många folk ska gå i väg och säga: "Kom, låt oss gå upp till Herrens berg, till Jakobs Guds hus. Han ska lära oss sina vägar så att vi kan vandra på hans stigar." För undervisning ska gå ut från Sion, Herrens ord från Jerusalem." (Jes 2:2-3)

Herren ska resa ett baner och samla in Israel:

"Han reser ett baner för hednafolken i fjärran och lockar på dem från jordens ände. Och se, de kommer snabbt och med hast." (Jes 5:26)

Solen går upp mörk och månen ger inte sitt sken:

"För himlens stjärnor och stjärnbilder ger inte längre sitt ljus. Solen går upp mörk och månen ger inte sitt sken." (Jes 13:10)

"Solen och månen förmörkas och stjärnorna mister sitt sken." (Joel 3:15)

Människorna ska kränka lagarna och bryta det eviga förbundet:

"Jorden har blivit orenad under sina invånare, för de har överträtt Guds undervisning, kränkt lagarna och brutit det eviga förbundet." (Jes 24:5)

Nephiterna ska höras som en röst ur jorden:

"Då ska du bli förnedrad och tala djupt nerifrån jorden, dämpade ska dina ord komma fram ur stoftet. Din röst ska höras ur jorden som en andes röst, ur stoftet ska du viska fram dina ord." (Jes 29:4)

Israel ska insamlas med makt:

"Så säger Herren Gud: Se, jag ska lyfta min hand till folken, resa mitt baner för hednafolken. Då ska de komma med dina söner i sin famn och bära dina döttrar på sina axlar. Kungar ska vara dina barns vårdare och furstinnor dina ammor. De ska falla ner för dig med ansiktet mot jorden och slicka stoftet vid dina fötter. Och du ska inse att jag är Herren, och att de som hoppas på mig inte kommer på skam." (Jes 49:22-23)

Gud ska upprätta ett rike som inte ska förstöras:

"Men i de kungarnas dagar ska himlens Gud upprätta ett rike som aldrig i evighet ska gå under och vars makt inte ska överlämnas till något annat folk. Det ska krossa och göra slut på alla de andra rikena, men självt ska det bestå för evigt. Ja, över tjänare och tjänarinnor ska jag i de dagarna utgjuta min Ande." (Dan 2:24)

Krig, drömmar och syner ska föregå Kristi andra ankomst:

"Och det ska ske därefter att jag utgjuter min Ande över allt kött. Era söner och era döttrar ska profetera, era gamla ska ha drömmar och era unga ska se syner." (Joel 2:28-29)

"för jag ska samla alla hednafolk till strid mot Jerusalem. Staden kommer att intas, husen plundras och kvinnorna våldtas. Halva staden ska föras bort i fångenskap. Men de som är kvar av folket ska inte utrotas ur staden." (Sak 14:2)

Dagen kommer som ska brinna som en ugn:

"Se, dagen kommer, den brinner som en ugn. Då ska alla högmodiga och alla som gör det onda vara som halm. Dagen som kommer ska bränna upp dem, säger Herren Sebaot, den ska varken lämna rot eller kvist." (Mal 4:1)

Stora svårigheter ska föregå Frälsarens andra ankomst enligt Matteus kap 24.

Paulus beskriver den sista tidens avfall och svåra tider:

"Lid också du som en god Kristi Jesu soldat. Ingen soldat trasslar in sig i civila angelägenheter, han vill stå i tjänst hos den som har värvat honom." (2 Tim 3-4)

Två profeter ska dödas och uppstå i Jerusalem enligt Uppenbarelseboken kap 11.

Evangeliet ska återställas i de sista dagarna genom en ängels betjäning:

"Och jag såg en annan ängel flyga uppe på himlen. Han hade ett evigt evangelium att förkunna för jordens invånare, för alla folk och stammar och språk och länder, och han sade med stark röst: "Vörda Gud och ge honom äran! Stunden för hans dom har kommit. Tillbe honom som har gjort himlen och jorden, havet och vattenkällorna."
(Upp 14:6-7)

"Babylon skall upprättas och falla enligt Uppenbarelseboken kap 17 och 18."

Israel skall insamlas med makt:

"Jubla, ni himlar, och gläd dig, du jord, brist ut i jubel, ni berg, för Herren tröstar sitt folk och förbarmar sig över sina betryckta. Herren har inte glömt Sion. Men Sion säger: 'Herren har övergett mig, Herren har glömt mig.' Kan en mor glömma sitt lilla barn, att förbarma sig över sin livsfrukt? Och även om hon skulle glömma, så glömmer jag inte dig. Se, jag har skrivit dig på mina händer. Dina murar står ständigt inför mig. Dina söner skyndar sig tillbaka, de som förstört och ödelagt dig drar bort ifrån dig. Lyft din blick och se dig omkring! Alla samlas och kommer till dig. Så sant jag lever, säger Herren, du ska få klä dig i dem alla som smycken och fästa dem omkring dig likt en brud. Du var i ruiner, ödelagd, ditt land var förött – nu blir du för trång att bo i, och de som slukade dig ska vara långt borta. Du ska få höra hur barnen från din barnlöshets tid säger: 'Platsen är för trång för mig, ge mig plats så att jag kan bo här.' Då ska du säga i ditt hjärta: 'Vem har fött dessa åt mig? Jag var ju barnlös och ofruktsam, landsflyktig och fördriven. Vem har fostrat dem? Jag var ju lämnad ensam, varifrån kommer de?' Så säger Herren Gud: Se, jag ska lyfta min hand till folken, resa mitt baner för hednafolken. Då ska de komma med dina söner i sin famn och bära dina döttrar på sina axlar. Kungar ska vara dina barns vårdare och furstinnor dina ammor. De ska falla ner för dig med ansiktet mot jorden och slicka stoftet vid dina fötter. Och du ska inse att jag är Herren, och att de som hoppas på mig inte kommer på skam. Kan man ta bytet från den starke eller rycka fångarna från tyrannen? Ja, så säger Herren: Den starkes fångar ska tas ifrån honom, bytet ryckas från tyrannen. Jag ska själv strida mot dina motståndare, jag ska själv rädda dina barn. Jag ska låta dina förtryckare äta sitt eget kött och bli druckna av sitt eget blod, som av sött vin. Då ska allt levande förstå att jag, Herren, är din Frälsare, att Jakobs Mäktige är din återlösare." (Jes 49:13-26)

Jag ger er ett tecken, så att ni kan veta tiden när det ska ske.

Mormons bok ska komma fram genom Guds makt:

"Ammon undervisar Limhis folk – Han hör talas om jarediternas tjugofyra plåtar – Forntida uppteckningar kan översättas av siare – Ingen gåva är större än siarens."
(Inledning till Mormons bok kap 8)

De ogudaktiga ska döda de ogudaktiga enligt Uppenbarelseboken kap 9.

Krig ska bryta ut över alla nationer.

Tecken, naturens uppror samt änglar bereder vägen för Herrens andra ankomst.

Mörker ska täcka jorden.

Herren befaller de heliga att bereda sig för hans andra ankomst.

Islam

Islam är en monoteistisk religion som grundades på 600-talet evt av profeten Muhammed, som levde på den Arabiska halvön. Det finns idag ca 1,8 miljarder muslimer runt om i världen. Islam räknas därför som världens näst största religion efter kristendomen.

Inom islam ingår tron på den sista dagen, beskriven i den första av trons pelare[6]. Denna tro innebär att man har tro på tecknen som kommer att föregå timmen och meddela dess förestående ankomst. Ett antal koranverser och hadither[7] från Muhammed rör varningstecknen på tidens slut.

Islamsk eskatologi är starkt inspirerad av judisk-kristen eskatologi. Dessa influenser finns i Koranen. Den muslimska eskatologin

---

[6] Den fem pelarna är Trosbekännelsen, Bönen, Fastan, Allmosan och Vallfärden "Hajj, Hadj eller Haddj".

[7] Hadith är den nedtecknade islamiska berättelse och tradition som utgår ifrån islams profet Muhammeds sätt att leva som förebild samt hans handlingar och ord i olika situationer – det vill säga vad Muhammed sagt, gjort eller stillatigande accepterat att någon i hans närhet sagt och gjort.

innehåller också element från böcker som "Apocalypse av Baruch och Apocalypse av Peter van Reeth.

Ett citat från Koranen som behandlar den yttersta tiden:

"Och tänk på den Dag då det skall stötas i basunen och då skräcken griper om alla i himlarna och på jorden, utom dem som Gud vill [skona], och då alla i ödmjuk lydnad skall stiga fram inför Honom. Och du skall se bergen, som du trodde vara orörliga, driva förbi liksom molnen driver förbi - Guds verk, som i allt är fulländat! - Han är väl underrättad om vad ni gör. Den som stiger fram [inför Honom] med en god handling skall få en större [belöning än handlingen förtjänar], och han [och de andra i samma läge] skall vara fria från fruktan denna Dag Och de som stiger fram med en dålig handling skall kastas på huvudet i Elden [och tillfrågas:] 'Är inte detta ett rättvist straff för vad ni gjorde'?" (Sura 27:87-90)

Koranen och dess läror är avsedda som varningar för män. Den beskriver de händelser som kommer att inträffa. På grund av att surorna framställs fragmentariskt utvecklar dock inte Koranen ett fullständigt eskatologiskt system, och är inte tydlig angående själens öde mellan döden och uppståndelsedagen.

Tidens slut

Profeten Muhammed berättar om återuppståndelsen efter döden och den yttersta domen. Livet och allt som finns i denna värld kommer att få ett slut på en fastställd dag. Allt kommer att utplånas. Denna dag kallas Qiyamah, dvs. den Yttersta Dagen. Alla människor som levt i världen sedan dess skapelse kommer att få nytt liv och bli förda inför Gud "Allāh". Varje människas levnadshistoria - alla deras gärningar och missgärningar - deras själar - kommer att presenteras inför Gud på denna den yttersta domens dag. Gud kommer att väga de goda gärningarna mot de onda. Den vars goda gärningar överväger kommer att belönas med en plats i någon av de många nivåer av paradiset "Jannah" som finns. Det anses finnas 8 nivåer i paradiset. Den vars missgärningar väger tyngst kommer att straffas med en plats i någon av helvetets (Jahannam) många nivåer. I Koranen står det angående detta:

> "Och den som gjort så mycket som ett stoftkorns vikt av gott skall se det, och den som gjort så lite som ett stoftkorns vikt av ont skall se det." (Sura 99:7-8)

Enligt islamisk tradition är Dajjals ankomst, "djävulsk karaktär" ett tecken på tidens slut. Hans namn betyder "lögnaren" eller "bedragaren". Det identifieras av tradition med odjuret och härrör från bibliska texter:

> "När Ordet slår dem [med sin fulla klarhet] skall Vi låta en varelse inifrån jorden stiga fram till dem och säga dem att människorna inte ville [låta sig] övertygas av Våra tecken.]" (Sura 27:82)

Gog och Magog

Även i den muslimska traditionen förekommer de två namnen. Koranen berättar om hur man byggde en skyddsmur mot Gog och Magog (Ya'djudj och Ma'djudj) vid två bergskedjor, möjligen Kaukasus. När den var färdig kunde de inte klättra över eller forcera den. Gog och Magog i denna text har bl a tolkats som mongoler och tatarer. Även hunner och khazarer har identifierats som ättlingar till Magog under historiens gång:

> "Därpå följde han en väg, som ledde till [en plats] mellan de två bergskedjorna och vid deras fot fann han ett folk som knappast förstod ett ord [av hans språk]. De sade: 'Du Tvåhornade! Gog och Magog stör ordningen och sår fördärv på jorden. Kan vi begära av dig att du, mot en avgift, bygger en skyddsmur mellan oss och dem?' Han svarade: 'Det som

min Herre har lagt i mina händer är av större värde för mig [än era bidrag]; ge mig därför en arbetsstyrka [som jag kan förfoga över] så skall jag uppföra en skyddsvall mellan er och dem. Forsla [nu] hit järn i block och tackor!" När han hade fyllt utrymmet mellan bergväggarna [med järnet], sade han: '[Tänd eldar och] låt blåsbälgarna arbeta!' Och när han fått [järnet] att glöda, begärde han: 'För hit smält koppar, som jag skall gjuta över [skyddsmuren]! Och [muren blev färdigbyggd och Gog och Magog] kunde varken klättra över den eller bryta sig igenom den Och [den Tvåhornade] utbrast: 'Detta [har åstadkommits tack vare] min Herres nåd! Men när det som min Herre har lovat blir verklighet, skall Han jämna det med marken. Vad min Herre lovar är sanning!' " (Sura 18:92-98)

I sentida arabisk tradition har Gog och Magog skildrats som halvdjuriska vidunder, som ständigt försöker fila sönder järnmuren, vilken dock nästa morgon blir hel igen.

Hur kommer evigheten att bli?

Jannah (trädgård) är en belöning som Gud har förberett för de troende.

De avlidna muslimer som är troende och levt rättskaffens träder in i lustgårdar, vattnade av bäckar:

"[Muhammad!] Ge dem som tror och lever rättskaffens det glada budskapet att lustgårdar, vattnade av bäckar, väntar dem; var gång de förses med frukt därifrån skall de säga: "Detta är vad vi försågs med i forna dagar" - de kommer nämligen att få sådant som påminner om det [förgångna]. Och [deras] hustrur skall vara med dem i dessa [lustgårdar], renade från [all jordisk] orenlighet, och där skall de förbli till evig tid." (Sura 2:25).

"Det är den Dag då det skall stötas i basunen och ni skall skynda fram [ur gravarna] i myllrande massor, och himlen skall öppnas som [om den varit försedd med] portar och bergen skall tona bort som hägringar." (Sura 78:18-20)

I Koranen förekommer även flera andra uttryck för paradis, t ex Edens lustgårdar där både männen och kvinnorna skall förbli till evig tid i sköna boningar:

"Gud har lovat de troende, männen såväl som kvinnorna, ett paradis, vattnat av bäckar, där de skall förbli till evig tid, och sköna boningar i dessa Edens lustgårdar; men större än allt detta är Guds välbehag - detta är den stora, den lysande segern." (Sura 9:72).

"I sin triumf får de gudfruktiga glädjas åt lummiga parker och [spaljéer av] vindruvor och följeslagerskor, evigt unga som de själva och bägare fyllda till brädden [med paradisets vin]. Där skall de varken höra tomt och meningslöst tal eller lögner [Detta är] din Herres belöning - som Han skänker enligt [Sin] räkning." (Sura 78:31-36)

Ursprungligen torde dessa olika benämningar på paradiset ha avsett samma sak, men de islamiska teologerna menar att de är namn på olika stadier av salighet hos paradisets invånare. Dessa stadier anses vara åtta till antalet.

Muhammed tänker sig paradiset förlagt på en sval bergshöjd. Där porlar en levande källa och runt omkring den finns mjuka länstolar på brokiga mattor. Här sitter de saliga, klädda i gröna atlasdräkter med silverspännen, och dricker dels källans vatten blandat med dyrbara doftande vätskor, dels vin ur krus förseglade med mysk. Platsen är omgiven av träd som skänker dem såväl skugga som druvor, och andra frukter för att stilla sin hunger med. Paradisets invånare vilar på sköna divaner omgivna av evigt unga jungfrur, "huri", och gossar/ynglingar.

Koranen nämner även att paradisets invånare kommer att få vad de än önskar. Åt kvinnorna, som också har möjlighet att komma till paradiset, utlovas frihet från hat och avund. De ska också få ägna sig åt fromma samtal och glädjas över att bli hälsade av Allah.

Jahannam (helvetet). Dit kommer de gudlösa, och där skall de förbli i evig tid utan någon läskande förfriskning eller någon dryck, utom skållhett vatten och stinkande förruttnelsevätska:

> "Och helvetet som [ständigt] lurar på [offer] skall välkomna de trotsiga syndarna. Där skall de förbli under oöverskådlig tid utan att känna svalka och utan att få dricka annat än skållhett vatten och den motbjudande [vätska som sipprar ur ett sår] en lön som svarar mot [deras handlingar]! De fruktade varken räkenskapen [eller domen] och de förkastade alla Våra budskap som lögn, men allt [vad de har gjort] har Vi fört upp i en bok. [Och Vi skall säga:] "Smaka nu [frukten av era handlingar] - Vi skall [hädanefter] bara hopa nya lidanden över er!" (Sura 78:21-30)

De fördömdas pina beskrivs som en brinnande eld. Sju portar för in i helvetet som består av sju koncentriska cirklar som bildar en slags krater. I den lägsta och sista våningen finns ett träd, "Zaqqum", med rötterna i helvetets botten och dess frukter liknar djävulshuvuden. De klassiska filosoferna, som Mohammad Ghazali har tolkat detta och tillhörande koranverser symboliskt som att det är fråga om förtappelse och straff.

Förutom de kval som förorsakas av eldsglöden har missdådarna enligt Muhammed ännu många hemska lidanden att vänta. Paradisets källa motsvaras här av en het, stinkande brunn, vars innehåll sliter sönder de törstandes inälvor. I stället för frukter räcker man dem en illaluktande ört som inte stillar hungern. Denna ersattes senare av Zaqqum. På andra ställen utmålas helvetet som en tortyrkammare med halsjärn och kedjor som hanteras av 19 helvetesvakter under ledning av sin kapten. Till de själsliga plågorna kommer även själskval, självanklagelser, förbannelser och fruktlösa böner om befrielse. Helvetesstraffen är lika eviga som paradisfröjderna.

Adventismen

Adventismen är en riktning som har fått sitt namn genom sin förkunnelse om att Kristi återkomst "Second Advent" är nära förestående.

Bibelns profetior om den yttersta tiden och Jesu återkomst har en central plats i undervisningen och är en viktig drivkraft bakom adventisternas mission. De flesta adventister firar sabbat på den sjunde dagen (lördagen) och vissa använder namnet Jehova som beteckning på Gud. De avstår från alkohol och tobak och äter helst vegetariskt.

Rörelsen uppstod under 1830– och 1840-talet kring den amerikanske baptist- & väckelsepredikanten William Miller (1782-1849).

Han predikade att Jesus skulle återvända till jorden den 12 maj 1839. Datumet flyttades sedan fram till 22 oktober 1844, men då även detta datum infann sig utan att Millers förutsägelser slog in splittrades rörelsen och många lämnade. Ur denna rörelse bildades 7:e-dagsadventismen år 1863.

Nytt datum för världens undergång sattes till år 1874[8]. Då inte detta ledde till den utlovade undergången, sa man att det handlade om att Jesus då kom andligen till världen. Eftersom det i Bibeln finns 40-årsperioder, så menade man att undergången skulle komma 40 år senare, alltså år 1914. Inte heller detta har ju som bekant inträffat.

Adventismen har sina rötter i baptistsamfundet och den bibelskolrörelse där William Miller med flera beräknade datumet för Kristi återkomst till den 22 oktober 1844. De historiska banden finns också till metodismen.

Den stora besvikelsen som inträffade efter att detta datum passerats ledde till intensiva bibelstudier, där Ellen G. White fick sina första uppenbarelser. Sjundedagsadventisterna tror att hon var en profet och hennes skrifter har översatts till många olika språk. På svenska finns bl a böckerna "Vägen till Kristus", "Vändpunkten" och "Den stora striden/Konfrontationen".

Efter intensiva diskussioner organiserades år 1863 en formell kyrka, the Seventh-day Adventist Church i Michigan.

Nedan följer några texter om den sista tiden från deras hemsida. (www.adventist.se)

Jesus är överstepräst i Himlens helgedom

Det finns en helgedom i himlen, det verkliga förbundstältet som Gud och inte människan har byggt. Där tjänstgör Kristus för oss. Han låter alla troende få tillgång till den nåd som kom av att han en gång för alla dog på korset för att vi ska försonas med Gud. Vid sin himmelsfärd invigdes han som vår överstepräst och började sin medlartjänst, vilken

---

[8] Även Jehovas Vittne har årtalen 1874 och 1914 som Jesu återkomst. Eftersom rörelserna fanns samtidigt i Amerika så kan man anta att de samordnade eller påverkades av varandra.

förebådades av översteprästens tjänst i det heliga i det jordiska templet. När den profetiska tidsperioden "2300 kvällar och morgnar" avslutades år 1844, började Jesus den andra och avslutande delen av sin tjänst som medlare, vilken förebådades av översteprästens tjänst i det allra heligaste i det jordiska templet. Den delen är en rättslig förundersökning inför syndens slutliga utplåning, som symboliserades i reningen av israeliternas helgedom på den stora försoningsdagen. Då renades helgedomen med blodet från offerdjur, men helgedomen i himlen renas av det fullkomliga offret som är Jesus blod. Förundersökningen avslöjar för hela universum vilka av alla avsomnade som dött i tro på Jesus och som därför räknas som värdiga att delta i den första uppståndelsen. Förundersökningen visar också vilka av de levande som lever i Kristus, bevarar Guds bud och tror på Jesus och därför är redo att upptas i hans eviga rike. Förundersökningen bekräftar Guds rättvisa när han räddar dem som tror på Jesus. Den tillkännager att de som förblivit lojala mot Gud ska ingå i hans rike. När Kristus alldeles innan han kommer tillbaka avslutar denna tjänst är människans möjlighet att omvända sig förbi.

Jesu återkomst

Jesus andra ankomst är församlingens hopp och evangeliets höjdpunkt. Räddarens ankomst kommer att vara verklig, personlig, synlig och världsvid. När han återvänder kommer alla rättfärdiga som dött i tron på Kristus att uppstå för att tillsammans med de rättfärdiga som lever förhärligas och föras till himlen, medan de orättfärdiga kommer att dö. Tillståndet i världen idag och att nästan alla profetior uppfyllts tyder på att Kristus snart kommer tillbaka. Vi vet inte när det kommer att ske, så därför uppmanas vi att alltid vara redo.

Döden och uppståndelsen

Syndens lön är döden, men Gud som ensam är odödlig ska ge evigt liv åt dem som han räddar. Fram till uppståndelsen är döden ett medvetslöst tillstånd för alla människor. När Jesus, som är vårt liv, uppenbarar sig, kommer de rättfärdiga som uppväcks och de rättfärdiga som lever kvar på jorden att förhärligas och föras upp för att möta sin Herre. De orättfärdigas uppståndelse sker först tusen år senare i den s k andra uppståndelsen.

De tusen åren och syndens utplåning

Mellan den första och andra uppståndelsen regerar Jesus och hans heliga i himlen under tusen år. Under den tiden kommer de orättfärdiga döda att dömas. Jorden är då öde och tom, utan levande människor. Endast Satan och hans änglar finns där. När de tusen åren gått kommer Jesus och de rättfärdiga ner till jorden med den heliga staden. Då kommer de orättfärdiga som dött att uppstå och tillsammans med Satan och hans änglar omringa den heliga staden. Men eld från Gud utplånar dem och renar jorden. På så sätt kommer universum att befrias från synd och syndare för alltid.

Den nya jorden

På den nya jorden där rättfärdighet råder ska Gud skapa ett evigt hem för dem som räddats och en fullkomlig värld för evigt liv, kärlek, glädje och mognad i hans närhet. Här kommer Gud själv att bo med sitt folk och lidande och död finns inte mer. Den stora striden är slut och synd finns inte mer. Allt, både det som har liv och det som inte har liv, vittnar om att Gud är kärlek. Och han ska regera för alltid!

Hinduismen

Hinduism eller Sanatana dharma (Den eviga världsordningen) är samlingsnamnet för en rad indiska sedvänjor, religiösa föreställningar och filosofiska begrepp.

Det finns inte någon vedertagen definition av hinduismen som religion eftersom den inte har någon grundare, ingen av alla erkänd helig skrift eller någon övergripande organisation. Gemensamt för de flesta riktningar inom hinduismen är likväl föreställningen om en allomfattande princip eller väsen kallad Brahman, och läran om själens återfödelse "samsara". De blir nya gestalter beroende av individens gärningar i livet, kallat karma. Hinduism kan uppfattas såväl som polyteistisk som monoteistisk, eftersom mångfalden av gudomar ofta uppfattas som manifestationer av, eller tjänare åt ett högsta väsende, Brahman. De viktigaste gudarna är Shiva (motsatsernas gud), Vishnu (som upprätthåller världen) och Mahadevi.

Hinduismen är inte en missionerande religion som eftersträvar att sprida sin tro och sanning och att omvända icke-troende eller anhängare av andra läror. Inom hinduismen anser man att sanningen är mångfacetterad och att olika synvinklar ger olika aspekter av sanningen och därför anser många att hinduismen är mer tolerant mot andra religioner.

Under 1900-talets lopp har emellertid en aggressiv hindunationalism, hindutva, vuxit fram. Denna rörelse har gjort sig skyldig till mordet på Mahatma Gandhi, och förföljelse av muslimer och kristna.

Ingen början - inget slut

Enligt hinduiskt tänkande är världens utveckling cyklisk - världen uppstår, utvecklas och går under i ständigt återkommande perioder. Världen har inte skapats ur intet, utan ursubstansen till världsalltet, universum, finns hos det gudomligt eviga, alltet. Det är detta eviga som i gestalt av skaparguden Brahman, som med bestämda intervall utvecklar nya världsallt för att därefter dra tillbaka världsalltet i sig själv. Tiden mellan världsalten, den långa "natt" då världen är upplöst, kallas Brahmanatt.

Hinduismen beskriver hur man genom yogans åtta armar når fram till målet, frigörelse från återfödelse. Slutmålet är att nå upplysning och enhet med alltet, förening med världssjälen (Brahman).

Ett enda världsallt existerar under en för människan ofattbart lång tidsrymd. Denna tidsrymd kallar hinduerna för kalpa. Den är så lång att man har använt en metafor (liknelse) för att beskriva den:

> "Föreställ er ett berg av hårdast tänkbara sten, mycket högre än någon av Himalayas toppar, och antag att en människa med ett stycke mjuk sidenduk bara en gång vart hundrade år kommer och så lätt som möjligt vidrör det stora berget med sidentyget. Den tid det skulle ta för henne att nöta bort hela berget skulle vara ungefär samma längd som en kalpa."

De viktigaste hinduiska texterna är de fyra Vedaskrifterna, vars äldsta delar härstammar från 1300 fvt, och de kommenterande texterna kallade Upanishaderna. Av stor betydelse är också Ghagavad-Gita som ingår i det mytologiska eposet Mahabharata.

Tiden går i cirklar

Hinduernas syn på världens utveckling påverkar deras tidsuppfattning. Hinduernas tidsuppfattning är cyklisk. Det betyder att tiden tänks gå i cirklar utan början eller slut. Tidsåldrar är sammanlänkade till kedjor, som i sin tur hänger ihop i en svindlande oändlighet. Livet pulserar i dessa återfödelsens kedjor. Begrepp som förr och nu, före och efter, har en annan innebörd i österländskt tänkande. Människan känner att hon finns med i ett kosmiskt sammanhang. Tanken på döden blir inte skrämmande. En människas ålder är inte så betydelsefull.

Buddhismen

Den buddhistiska läran återfinns i Buddhas egna predikningar. I sin Benarespredikan berättar Buddha att han prövat olika sätt att leva. Både begärets väg i utsvävningar och njutning och askesens och självplågeriets väg fann han oädla och ovärdiga, de ledde honom fel. Han sökte då istället medelvägen. Den gav honom kunskap och insikt. Han upptäckte livets stora sanningar, sanningarna om duhkha (lidande). Livet är duhkha därför att det är föränderligt och osäkert och inte kan ge någon varaktig ro. Ändå hyser människan begär efter livet. Så länge hon hyser detta livsbegär får hon också hänga fast vid livet.

Människan ingår i återfödelsens kretslopp "samsara" och hennes liv styrs av karmas lag. Vad en människa har uträttat under ett liv avgör hur hon får leva i en kommande existens. När en människa dör finns ingenting annat kvar än hennes karma. Någon själ finns inte enligt buddhismen. De beståndsdelar som bildar en individ förändras hela tiden. När en individ dör, upplöses beståndsdelarna och övergår i nya existensformer. Men individens gärningar, hennes karma, skapar en ny individ när hon dör.

Buddhistisk filosofi tror på reinkarnation[9]. En buddhist som dör frigjord från framtida karma uppnår ett tillstånd som kallas Parinibbāna eller Parinirvana när man inte längre återföds till någon existens. Man säger att nirvana som kan ses som det levande "tillståndet" av Parinibbāna, betyder utslocknandet, och nås genom att upphöra med att klamra sig fast vid eller greppa efter världsliga ting, idéer och fenomen. Jaget "attā" ses inte som något permanent eller evigt. Som i hinduismen är det karma som avgör vad du återföds som. Det är alltså ingen gudomlig, odödlig själ som återföds utan personens karma som enligt principen "orsak och verkan" får en individ att födas på nytt.

Buddhismen beskriver hur man genom yogans åtta armar når fram till målet, frigörelse från återfödelse. Slutmålet är att nå upplysning och enhet med alltet, utslocknande (nirvana).

Det finns också ett helvete inom Buddhismen som benämns Avīci eller Avici "utan vågor." Avici är den lägsta nivån, nivå 18, inom buddhismens helvetesvärldar. Där råder elände och plåga väntar den som återföds, på grund av grava illgärningar som begåtts under tiden som levande.

---

[9] Reinkarnation eller själavandring från latin: re: åter och karnis: kött, det vill säga "åter i köttet", är ett begrepp för trosföreställningar som innebär att en människas själ inte dör med kroppen, utan att hela själen, eller delar av den, kan föras vidare till en ny kropp, endera i människa eller djur.

När Tidens Flod rinner ut i Evighetens Hav

Är det kört?

Bibeln har ett allvarligt och reellt budskap om hur den avslutande tiden kommer se ut, och hur fortsättningen kommer bli efter denna tidsålder.

Även om du tycker att det ser mörkt ut, så har Gud en väldigt positiv plan för hela mänskligheten. Han säger t ex att han vill att alla människor skall få del av frälsningen och bli räddade för evigheten. Valet ligger hos varje människa att fatta:

> "Så älskade Gud världen att han utgav sin enfödde Son, för att var och en som tror på honom inte ska gå förlorad utan ha evigt liv. Gud har inte sänt sin Son till världen för att döma världen, utan för att världen ska bli frälst genom honom." (Joh 3:16-17)

> "Och Ordet blev kött och bodde bland oss, och vi såg hans härlighet, den härlighet som den Enfödde har från Fadern. Och han var full av nåd och sanning. Johannes vittnar om honom och ropar: 'Det var om honom jag sade: Han som

kommer efter mig är före mig, för han var till före mig.' Av hans fullhet har vi alla fått, nåd och åter nåd. Lagen gavs genom Mose, nåden och sanningen kom genom Jesus Kristus. Ingen har någonsin sett Gud. Den Enfödde, som själv är Gud och i Faderns famn, han har gjort honom känd." (Joh 1:14-18)

"Gud beslöt att låta hela fullheten bo i honom och genom honom försona allt med sig själv, sedan han skapat frid i kraft av blodet på hans kors – frid genom honom både på jorden och i himlen." (Kol 1:19-20)

"Men när tiden var inne sände Gud sin Son, född av kvinna och ställd under lagen, för att friköpa dem som stod under lagen så att vi skulle få söners rätt. Och eftersom ni är söner har Gud sänt i våra hjärtan sin Sons Ande, som ropar: "Abba! Far! Alltså är du inte längre slav utan son. Och är du son är du också arvinge, insatt av Gud." (Gal 4:4-7)

"I honom är vi friköpta genom hans blod och har förlåtelse för våra synder, tack vare den rika nåd som han lät flöda över oss med all vishet och insikt." (Ef 1:7-8)

"Av nåden är ni frälsta genom tron, inte av er själva. Guds gåva är det, inte på grund av gärningar för att ingen ska berömma sig." (Ef 2:8-9)

"Först av allt uppmanar jag till bön, åkallan, förbön och tacksägelse för alla människor, för kungar och alla i ledande ställning, så att vi kan leva ett lugnt och stilla liv, på alla sätt gudfruktigt och värdigt. Detta är gott och rätt inför Gud, vår Frälsare, som vill att alla människor ska bli frälsta och komma till insikt om sanningen.' Gud är en, och en är medlare mellan Gud och människor: människan Kristus Jesus, som gav sig själv till lösen för alla. Detta vittnesbörd skulle frambäras när tiden var inne." (1 Tim 2:1-6)

"Jag är den sanna vinstocken, och min Far är vinodlaren. Varje gren i mig som inte bär frukt tar han bort, och varje gren som bär frukt rensar han så att den bär mer frukt. Ni är redan nu rena i kraft av ordet som jag har talat till er. Förbli i mig, så förblir jag i er. Liksom grenen inte kan bära frukt av sig själv om den inte förblir i vinstocken, så kan inte heller ni det om ni inte förblir i mig. Jag är vinstocken, ni är grenarna. Om någon förblir i mig och jag i honom, så bär han rik frukt. Utan mig kan ni ingenting göra." (Joh 15:1-5)

Här följer den bön som Jesus lärde sina lärjungar att be:

Fader vår, som är i himmelen!
Helgat varde ditt namn,
tillkomme ditt rike,
ske din vilja,
såsom i himmelen, så ock på jorden,
vårt dagliga bröd giv oss i dag,
och förlåt oss våra skulder,
såsom ock vi förlåta
dem oss skyldiga äro,
och inled oss icke i frestelse,
utan fräls oss ifrån ondo.

(Matt 6:9-13, Bibeln 1917 års översättning)

Källor

https://www.adventist.se/tro

https://www.adventist.se/tro/vi-tror-att-gud-segrar/780/1

https://www.academia.edu/9994658/

https://alsina-sa.com/sv/sobre-religion/que-dice-la-iglesia-catolica-sobre-la-gran-tribulacion.html

Bibel 2000

Svenska Kärnbibeln

Helge Åkessons bibel

Latter_rain_och_den_karismatiska_väckelsen_i_Nordamerika

https://www.churchofjesuschrist.org/study/scriptures/gs/last-days-latter-days?lang=swe

en.wikipedia.org

https://en-m-wikipedia-org.translate.goog/wiki/Summary_of_Christian_eschatological_differences?_x_tr_sl=en&_x_tr_tl=sv&_x_tr_hl=sv&_x_tr_pto=sc

https://falna.se/vad-hander-efter-doden-islam/

Folkbibeln 2015

Lehkpa Tenzin: Farväl till Buddha

Hasselteg, Lennart "Kan Abrahams barn samsas"

https://gebiao-medical.com/ru-sv/wiki/Great_Tribulation#Events

http://heliga-koranen.se

https://www.jw.org/sv/vad-bibeln-lär/frågor/vilka-kommer-till-himlen/

https://www.katekesen.se/index.htm?kkk668-.htm

http://miun.diva-portal.org/smash/get/diva2:866373/FULLTEXT01.pdf

Nationalencyklopedin, multimedia plus 2000

pod.kristenmp3.se

Reichmann, Sven "Allt är inte Gud som glimmar"

so-rummet.se

https://www.so-rummet.se/kategorier/religion/buddhismen/
buddhismens-grunder#

https://www.so-rummet.se/kategorier/religion/hinduismen/
hinduismens-grunder#

https://sv.frwiki.wiki/wiki/Eschatologie_islamique

https://sv.wikipedia.org/wiki/Livet_efter_detta

sv.wikipedia.org

Tidigare utgivet av Lennart Hasselteg:

Kan Abrahams barn samsas?

Boken ger en överblick över den politiska utvecklingen i mellanöstern, mellan Israel och dess grannar, från slutet av 1800-talet.

Boken innehåller båda brödrafolkens (Judar och Araber) historiska utveckling från skapelsen, som dom själva beskriver det, tills idag.

Boken innehåller även de båda brödrafolkens historia i Sverige.